KB022808

특별한 형제들

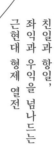

친일과 항일,
좌익과 우익을 넘나드는
근현대 형제 열전

특별한
형제들

정종현 지음

ⓗ

되돌아보니 이 책은 몇 해 전에 시작된 것 같습니다. 2019년에 출간했던 《제국대학의 조센징》을 준비하며 접하게 된 조선인 유학생들의 극적인 삶에서 강렬한 인상을 받았습니다. 하지만 그 책은 제국대학이라는 제도의 특징과 그곳을 나온 조선인 유학생 '집단'이 한국 사회에서 한 역할에 초점을 맞추다 보니 개인의 삶은 충분히 담아내지 못했습니다.

책이 출간되고 아쉬움이 컸던 그즈음, 평소 존경하는 역사연구자 홍종욱 교수가 웹진 《역사랑(歷史廊)》 연재를 제의했습니다. 문학 전공자인 제가 역사학 잡지에 연재를 한다는 건 사실 주제넘은 일입니다. 그럼에도 그 제의를 수락한 까닭은 '인간'의 삶을 통해 역사를 이해하는 글쓰기를 해보고 싶었기 때문입니다. 또한 실제로 '인간'의 삶을 통해 세계를 이해하고 이야기한다는 점에서 문학과 역사는 그리 멀리 떨어진 학문이 아니기도 합니다.

　그렇다면 어떤 방식으로 '인간'에 대해 이야기할까 고민하던 중에 과거의 작은 인연이 '형제'라는 주제로 이끌었습니다. 《제국대학의 조센징》을 마무리할 무렵 학술회의에서 만난 과학사가 김근배 교수가 김일성종합대학 창설을 주도한 제국대학 출신 정두현의 자서전과 이력서를 제공해주었습니다. 한국전쟁 때 미군이 평양에서 노획한 자료를 김 교수가 미국에서 직접 찍어온 것이었습니다. 덕분에 《제국대학의 조센징》을 조금 더 풍부하게 서술할 수 있었습니다.

　그런데 책을 끝낸 후 정두현의 동생 정광현도 도쿄제국대학 출신이라는 사실을 뒤늦게 알게 되었습니다. 곧바로 정두현의 신상자료를 꼼꼼히 다시 살폈습니다. 정두현은 자서전에서 동생에 대해 전혀 언급하지 않았고, 이력서 가족사항에서도 존재 자체를 지웠더군요. 친일파 윤치호의 사위이자 미군정청 관리를 거쳐 서울대학교 법대 교수로 있던 정광현의 존재는 북한 정권의 중심에 있던 정두현에게 위험했기 때문입니다. 형을 지우기로는 동생도 마찬가지였습니다.

　정두현이 이력서 가족사항란을 채우다 머뭇거렸을 그 순간을 상상하며 저는 '형제'를 통해 한국 근현대사를 이야기하기로 마음먹었습니다. 각자가 직면한 역사의 갈림길에서 때로는 비슷하게, 때로는 정반대의 선택을 한 형제들의 삶이야말로 한국 근대

　　　　　　　　　　　　　　　　　　책을 펴내며

의 속살을 드러내는 이야기라고 생각했기 때문입니다. 제국대학의 형제에 대한 관심은 점차 식민과 분단, 전쟁과 냉전으로 전개된 20세기 한국의 근대사를 헤쳐온 다양한 형제들의 특별한 이야기로 이어졌습니다.

그렇게 특별한 13쌍의 형제 이야기로 이 책은 이루어졌습니다. 장절을 나누지 않은 것은 각각이 독자적인 완결된 이야기로 읽히길 바랐기 때문입니다. 한 인간의 삶은 그 자체로 우주이니까요. 제가 다룬 이들이 한국을 대표하는 형제라고 주장할 생각은 없습니다. 그럼에도 이 형제들의 삶이 왜 제 마음을 끌었는지를 곰곰이 생각해보았습니다. 그건 아마도 이들의 삶이 고귀함과 치열함, 비루함과 욕망 등 인간의 복합적인 면모를 보여주기 때문인 것 같습니다.

또 하나의 이유는 이 형제들의 이야기가 공동체의 결속을 표상하는 '형제애'를 근본적으로 다시 성찰하도록 이끌기 때문입니다. 흔히 민족, 국가, 사회 등 공동체의 연대를 형제애로 표상하곤 합니다. 가장 널리 알려진 것은 프랑스혁명 시절의 '형제애'일 겁니다. '형제애의 맹세'는 프랑스 국민이 평등한 형제가 되었다는 사실을 확인하는 선언이었습니다. 그것이 모든 인간이 같은 아버지에게서 난 형제라는 기독교의 가르침을 따라 '박애'라는 보편적 가치로 바뀌어 프랑스를 넘어 전 세계로 확산되었습니다.

그렇지만 형제애는 유동하는 경계를 가진 개념입니다. 그것은 때로 자신과는 다른 이질적인 사람을 배제하는 폭력으로도 작동했습니다. 프랑스혁명의 '형제애'도 처음에는 '조국과 혁명을 수호하기 위해 무장한 형제들의 전우애'라는 협소한 의미로 사용되었습니다. 공포정치 시기 로베스피에르와 마라 등은 정체를 숨긴 '거짓 형제들'에 대해 경고하며 '애국파 내부로 집중된 형제애'를 강조했습니다. 거짓 형제로 판정된 이들은 단두대 아래 목을 내밀어야 했습니다.

이것이 프랑스혁명에서만 일어난 일이었을까요? 식민과 분단을 거치며 한국 사회에서도 '형제애'의 경계가 협소해지며 폭력적 배제의 양상이 나타났습니다. 이 책에서는 분단과 냉전, 전쟁을 겪으며 서로의 존재를 애써 지워야 했던 정두현과 정광현, 검찰총장과 남로당원으로 대립했던 이인과 이철, 대한민국 문화훈장을 받은 애국자와 인민군에 협조한 부역자로 총살된 안익조와 안익태 형제의 이야기를 통해 서로를 적대하거나 외면한 한국 근현대의 상처를 살폈습니다.

현재 한국 사회의 이른바 좌·우파는 상대에게 친일파/빨갱이(종북)의 딱지를 붙이며 각기 다른 이념적 '상상의 공동체'를 구축하고 있는 듯합니다. '친일파'라는 한마디로 요약될 수 없는 유만겸과 유억겸, 김성수와 김연수 형제의 삶이 가진 복잡성을 생각해보고, 민태곤과 민태윤 형제를 통해 일제로부터 작위를 받은 이는 모두 친일파라는 선입견을 다시 곱씹어봤습니다. 거꾸로

책을 펴내며

'빨갱이'라는 낙인 속에서 그 혁명가적 삶이 부정되거나 잊힌 김형선·김명시·김형윤, 김사국·김사민 그리고 오기만·오기영·오기옥 형제를 통해 기억의 영역에서 가해지는 폭력을 제시했습니다.

'형제'로 호명되는 인간, 국민, 시민의 자리에 여성, 이주자, 이념이 다른 이들, 성소수자 등은 초대받지 못했다는 점도 지적해야겠습니다. 이 책에서는 임택재와 임순득 남매를 통해 평등을 지향한 사회주의조차 피하지 못했던 젠더적 위계를 성찰하고, 한반도에만 한정된 공동체 감각의 폐쇄성을 보여주는 디아스포라 심연수 형제의 이야기를 통해 한국 근현대사의 주변부에 머물렀던 이들에게도 손을 내밀고자 했습니다.

한국 사회는 혈연과 지연 등 연고에 대한 집착이 강한 것이 사실입니다. 이 책에서는 참된 삶을 살고자 고향의 육친에 대한 걱정과 그리움을 가슴에 묻고 소련으로 망명한 북한 유학생들인 '8진(眞)의 형제들' 이야기를 통해 혈연을 넘어선 공동체의 가능성을 탐색했습니다. 익숙한 것들과 단절된 낯선 세계에서 그들은 삶의 존엄과 타자와의 연대를 보여주었습니다. 반면에 선우순과 선우갑 형제처럼 권력과 재물에 대한 욕망과 악행으로 점철된 일생을 산 경우도 있습니다. 구태여 이들 악인의 이야기를 쓴 까닭은 이데올로기 이전에 인간으로서 지켜야 할 최소한의 염치에 대해 생각해보자는 뜻이었습니다.

이 책에서 다루고 있는 형제들의 삶은 이처럼 각각 다릅니다.

하지만 전체를 관류하는 문제의식은 친일과 반일, 좌와 우라는 이분법적 구획에서 자유롭지 못했던 역사적 인물에 대한 단선적인 평가로부터 벗어나보려는 것이었습니다. 또한 역사 속 형제 이야기를 통해 현재 우리 사회에 대해서도 질문하고 싶었습니다. 한국 사회는 불평등과 차별, 혐오가 심화되고 있습니다. 세계적인 성공을 거둔 드라마 〈오징어 게임〉을 보며 많은 이들이 K-컬처의 긍지를 느끼고 있는 것 같습니다. 그렇지만 제게는 그 드라마가 무한경쟁을 강요하는 한국 사회의 현실을 그린 다큐처럼 보입니다. 이대로라면 한국 사회라는 공동체는 지속하기 어려울지도 모르겠습니다. 파국을 막으려면 어찌해야 할까요?

이 책을 읽는 독자들이 차별과 배제가 아니라 진정한 의미의 '형제애(자매애)'와 연대를 통해 개방적인 관용의 공동체를 만드는 것만이 우리 사회가 살길이라는 생각을 나누었으면 합니다. 우리 곁에 있는 세상의 모든 '특별한' 형제들에게 이 책을 바칩니다.

2021년 12월

정종현

책을 펴내며

차
례

정두현과 정광현

식민과 분단으로 서로를 지운 '평양'의 형제

평양 개화파 유지의 수재 아들들

'정두현(鄭斗鉉, 1888~?)과 정광현(鄭光鉉, 1902~1980)'은 평양의 유지였던 정재명(鄭在命)의 장남과 3남으로, 열네 살 터울의 형제다. 해방 후 정두현은 김일성종합대학교 설립을 주도하고 의학부장을 지냈으며, 정광현은 서울대학교 법과대학 교수로 재직한 후 친족상속법 분야의 업적으로 대한민국학술원 회원이 되었다. 전통사회에서 차별받던 서북 출신 형제가 근대교육 순례를 거쳐 남북한의 최고학부 교수가 되기까지 그 삶의 행로를 따라가보자.

정두현·정광현 형제의 학력은 비현실적이라 느껴질 만큼 화려하다. 정두현은 메이지학원(明治學院) 중학부를 거쳐 도쿄(東

정두현과 정광현

京)제국대학 농학부(1910. 4~1914. 7) 유학 후에도, 도호쿠(東北)
제국대학 이학부(1927. 4~1930. 3), 타이완의 다이호쿠(臺北)제
국대학 의학부(1938. 4~1941. 12) 등 세 곳의 제국대학에서 공
부했다. 당시 이 세 곳에서 농학·생물학·의학 등 각기 다른 전공
을 이수한 사람은 정두현이 유일하다. 정광현도 형이 다녔던 메
이지학원 중학부를 졸업하고 제6고등학교를 거쳐 도쿄제국대학
법학부(1925. 4~1928. 3)를 졸업했다.[1]

형제를 이런 엘리트로 기른 부모는 어떤 사람일까? 형제의 부
친 정재명의 이력은 정두현의 이력서와 자서전을 통해 유추해볼
수 있다. 북한에서는 공직자, 노동당원, 학생 등에게 자서전과 이
력서를 요구했다.[2] 평양의학대학 학장을 지내던 1948년 10월에
정두현이 자필로 쓴 이력서와 자서전에 따르면, 형제는 "평양 시
외 농촌의 유족지 못한 농가에서 출생"하여 "한학에 소양이 있고
조국애가 깊으며 교육열이 왕성한 부친의 엄격하고도 이해 많은
훈도 밑에서" 자랐다.

정두현이 자필로 쓴 자서전의 첫 장

자서전은 아버지 정재명이 "대한독립협회 평양지회장, 서북학회
평남지부장으로서 조국의 독립 보전을 위하여 분투"했고, 새로

운 교육의 진흥을 위해 동지들과 "평양 시내에 사범강습소를 개설하여 애국적 신식 교원을 양성하는 데 주력"했으며, 당시 메이지학원 중학부에 재학 중이던 정두현 자신도 방학을 맞아 아버지를 도우면서 교육자로서 소명을 다하기로 결심했다고 적고 있다. 애국지사인 아버지에 대한 긍지와 교육자 집안에 대한 정두현의 자부가 느껴진다.

여러 자료를 종합해보면, 아버지 정재명은 일찍이 기독교를 받아들였고, 독립협회·태극학회·서우학회·서북학회의 회원으로 활동했으며, 공립평양보통학교 학무위원과 평양부협의회 회원, 금융조합장을 지냈다.[3] 이러한 정재명의 면모를 정광현의 장인인 윤치호는 "품위 있는 신사로서 말과 행동이 기품 있다"[4]고 평했다. 신사 정재명은 개화파 지사이면서 식민지 토착 사회의 유지였다. 정두현의 자서전에는 부친의 식민지 시절 이력이 언급되어 있지 않다.

집안의 경제력에 대해서도 이력서에는 간략하게 쓰여 있다. 정두현은 자기 출신을 '중농'으로 기재하고, 해방 전 부모의 재산을 주택과 토지 2,000평, 토지개혁 때 몰수된 부모의 토지도 2,000평으로 기록했다. 집안의 전 재산이 2,000평이라는 뜻인데, 이것은 아마도 3형제에게 분재한 후 남은 토지였을 것이다. 2,000평 농사로 두 아들의 10여 년 유학비를 감당하는 건 불가능하기 때문이다.[5]

정두현과 정광현

리   력   서

1. 소속직장명 평양의학대학   직명 학장

2. 성 명 정 두 현   ㄴ 본명   별명

3. 성 별 남 자   4. 민족별 조선인   5. 생년월일 1888년10,27

6. 본적지 평양특별시 숙오리 2 번지

7. 출생지 평양서구

8. 현주소 평양특별시 숙오리 182 번지

		부모의수	8. 15전 농업	취업장소및	8. 15전 소유
	본인직업	8. 15후 로년우직	사업체명칭	8. 15후 무엇
부모의 토지 개혁관계	몰수된평수 2000 평		본인의 토지개 혁관계	몰수된평수 무	
	분여받은평수			분여받은평수 무	
부모의재 산정도 12.	8. 15전 주택 토지2000평		본인의재 산정도 13.	8. 15전 자택 중등생활	
	8. 15후 중력			8. 15후 주택 중등생활	

14. 사회성분별 사무원   15. 가정출신 중농

16. 정당관계	당 별	로동당	입당 년월일	1946.6.17.	당 중 로	
	입당찬성 부맹계	평 양 특 별시				
	입당보증인	ㄱ. 씨명 최창익		원직 전 정삼		
		ㄴ. 성명		현직		

17. 다당및외국정당에참가한일이있는가   무

18. 지식정도 대학졸업   최후졸업학교 일본동경제국대학 학위 의학부 학적의학부

19. 8.15전교육을실및교양을받에학교리있는가 무

20. 어떤과학을전공하였는가 선강세토에관는논문 2편

21. 무슨기술이있는가 과학?(의 과)

22. 8.15후정시학교및강습을받았는가 무

23. 외국에갔든일이있으면기입할것

어느때부터	어느때까지	어느국가어느행정구역에	무슨일을하였는가
1907.8	1916.8	일본동경서	유학
1927.4	1931.3	일 선에서	유학
1938.4	1942.3	" 대특서	유학

정두현이 자필로 쓴 이력서의 첫 장

자 서 전

평양서외 농촌의 유록지 못한 농가에서 출생하야, 양시
한 학의 소양이 있고 교육애가 깊으며, 교육열이 왕성
한 부친의 영향하고도, 어버없은 훈도밑에서, 유년시
내부러, 학창생활을 하여 오는 중, 학문상으로는 생물
학와 그응용방면 의 과학에 취미를 가지게 되었으며
사업방면에 있어서는, 피압박의 비경에 처하여서도
장래의 광명을 게도 함에는, 인재양성이 필요하다는
것을 주려, 교육사업에 투신하게 되었다. 이것도, 나
의 부친의 정신상 영향을 받은 것이 맥은 걸과 라고 생
각한다. 자세히 말하면, 나의 부친은 의로밑에풍
훈이 급했음으로 당시에, 대한독립협회 평양지회장
으로는 서북학회 평남지부장으로써, 조국의 독립보전을
위하야 분루하는 중, 새로운 교육의 보급와 진흥을위하
야 동지 몇사람으로 더부러, 평양서벌에 사범강습소
를 개선하여, 애국적 신석교원을 양성하는에 주력하
게되매, 나도 그양서 중학생시대에 이치반, 휴가를 리
용하여서는, 그 사업을 방조하게되는 중, 실력양성
에 교육이 중추와 라는것을 늦기게 되여, 장래그방면에
종사하기를 결심하였은 것이다. 그러하여 박교를
맟한후 교육사업에 매진하는 중, 1919년 평양
에서 이러난 3, 1 운동이 내가 당시 책임자로
시무하은 숭덕학교교정에서 불화흘게 첫판게
이외에 해외독립운동 기판와도 약간의 연락이있
은 사실에 의치하야으여 평양형무소에서, 두개
월 간 구금 생활을 하게되였다가, 특변한 공작실행
이 없었은판게로 방면되였으며, 그후에도 학술연구
와 교편생활을 계속하는 중, 삼반청년게의애국
사상고취와 교양향상의목적으로 평양청년회

정두현이 자필로 쓴 자서전의 첫 장

이제 정두현·정광현 형제의 생애를 3·1운동 전후 시기부터 살펴보자.

3·1운동, "형제는 용감했다"

1888년 10월 27일생인 정두현은 3·1운동 당시 32세의 장년이었다. 1907년 '현해탄'을 건너간 그는 메이지학원 중학부를 거쳐, 1910년 도쿄제국대학 농학부(실과)에 진학해 1914년 7월에 학업을 끝마쳤다.[6] 이후 도쿄제국대학 농학부 동물학연구실에서 2년간 연구생으로 공부하다가 1916년 9월 평양으로 돌아왔다. 이후 광성고등보통학교 교사, 숭덕학교 교감으로 근무하다가 1919년 3·1운동을 맞았다.

정두현은 자서전에서 "1919년 평양에서 일어난 3·1운동이 내가 당시 책임자로 시무하던 숭덕학교 교정에서 봉화를 들게 된 관계 이외에 해외 독립운동 기관과도 약간의 연락이 있던 사실에 의거하야 드디어 평양형무소에서 수개월간 구금 생활을 하게 되었다가 특별한 공작 실행이 없었던 관계로 방면되었"다고 술회했다. 그의 진술은 3·1운동 당시 검거된 숭덕학교 교사 곽권응의 심문조서와 당시 검사국의 '조선소요사건' 관계 서류에서 확인된다.[7]

인정도서관 관장 정두현

우가키 가즈시게 총독이 조선총독부도서관을 방문했을 때 방문단 일행이
촬영한 사진으로, 맨 왼쪽이 정두현이고, 한복 차림을 한 사람이
인정도서관을 설립한 김인정이다. 조선총독부도서관 기관지
〈문헌보국〉 제1호에 실린 사진. 국립중앙도서관 소장.

3·1운동 후 4개월여간 구금되었다가 7월에 출옥한 정두현은 청년들의 애국사상 고취와 교양 향상을 목적으로 '평양청년회'를 조직하는 데 참가했으며, 그 단체의 회장을 맡아 수년간 청년운동과 관계를 맺게 된다. 이후 1923년부터 1927년까지 4년 동안 평양 숭인학교 교장으로 지내다가 다시 "생물계의 현상과 그 이법(理法)을 알아보기 위하여"[8] 1927년 4월 도호쿠제국대학 이학부 생물학과에 진학했는데, 그의 나이 마흔 살이었다.

동생 정광현은 3·1운동 당시 18세였다. 그는 1912년 평양제일공립보통학교에 입학하여 1916년에 졸업한 뒤, 곧바로 평양관립고등보통학교에 입학하여 4학년 때인 1919년에 학교를 그만두고 일본 유학을 떠났다. 3·1운동 당시 정광현이 시위에 참여했는지의 여부는 확인할 수 없지만, 3·1운동이 그에게 준 감격이 어떠했을지는 이듬해 일본에서 맞은 3·1운동 1주년 때의 행동을 통해 미루어 짐작할 수 있다.

1920년에 작성된 일본 경찰 문서인 〈재경조선학생의 독립만세에 관한 건 제2보〉에 정광현의 행적이 남아 있다. 이 문서에 따르면, 도쿄의 히비야공원에서 80여 명의 조선인 유학생이 독립선언기념일을 일본의 '기원절'처럼 기념하는 집회를 열고 만세를 부르는 등 소요를 일으켜, 이 중 53명을 히비야경찰서에서 검속하여 주모자 6명을 구류 15일에 처하고 나머지는 '설유훈방(說諭訓放)'했다. 석방자 명단에는 메이지학원 중학부의 정광현

도 포함되어 있었다.[9]

해방 이후 정광현은 3·1운동에 적용된 법률에 관해 연구한 〈3·1운동 관계 피검자에 대한 적용 법령〉,[10] 《3·1독립운동사-판례를 통해서 본》[11] 등을 발표했다. 평생 가족법 연구에 몰두했던 그가 3·1운동과 관련된 법률 논문을 썼던 데에서도 3·1운동에 대해 지니고 있었던 감회의 일단을 엿볼 수 있다. 3·1운동에 대한 그의 기억에는 자신뿐만 아니라 형 정두현의 체포와 투옥에 대한 소회도 포함되어 있었을지 모른다.

1921년 3월 메이지학원 중학부 4학년을 수료한 정광현은 4월에 와세다 제1고등학원 이과에 입학해 한 학기를 다니다가, 1922년 4월 오카야마(岡山)에 있는 제6고등학교 문과 갑류에 들어가 1925년 3월에 졸업했다. 같은 해 4월에 도쿄제국대학 법학부 법률학과(영법과)에 입학하여 1928년 3월에 마쳤다. 졸업 후에는 다시 도쿄제국대학 경제학부에 편입하여 한 학기를 더 공부하다가 9월부터 고향 평양의 숭실전문학교 문과 교수로 지냈다.

그는 대학 시절 겔다트(William Martin Geldart)의 《영국법 개요(Elements of English law)》, 젠크스(Edward Jenks)의 《영국법 요약(A digest of English civil law)》을 보며 친족법 분야에 관심을 가졌으며,[12] 이러한 관심은 해방 이후 친족상속법의 권위자로 성장하는 토대가 되었다. 정광현이 일본 관료 배출의 산실인 도쿄제국대학 법학부를 졸업하고도 고등문관시험이나 수입이 보장된

정두현과 정광현

변호사 자격시험에 응시할 시도조차 하지 않은 점은 주목할 만하다. 그는 법학을 출세의 도구가 아니라 근대적 학문으로 배우고 실천한 것이다.

평양과 경성, 엇갈리는 형제의 행보

학업을 마친 형제는 3년여의 시차를 두고 고향 평양의 숭실전문학교 교수로 부임했다. 먼저 동생 정광현이 1928년에 문과 교수가 되었고, 3년 뒤인 1931년 4월에는 도호쿠제국대학 이학부를 졸업하고도 1년 더 대학원 연구생으로 공부하고 돌아온 형 정두현이 이과 교수로 부임하게 된다. 하지만 형제가 숭실전문학교에서 함께 근무한 것은 아니다. 정광현이 윤치호의 셋째 딸 윤문희와 결혼 후 1930년부터 연희전문학교에서 근무했기 때문이다. 이때부터 형제의 행로는 엇갈린다.

정광현이 윤치호의 사위가 된 것은 큰 사건이었다. 윤치호는 1929년 3월 12일자 일기에 오후 4시 YMCA회관 강당에서 열린 결혼식과 명월관에서 250명의 하객에게 1인당 1원 30전짜리 식사를 대접한 피로연을 기록한 뒤, "저명한 서울 가문에서 평양 출신 남자를 사위로 맞는 것은 우리 가문이 처음이다. 난 조롱과 비난, 심지어는 욕을 듣게 되리라. …… 이번에 맞은 내 평양 사

　　　　　1 식민과 분단으로 서로를 지운 '평양'의 형제

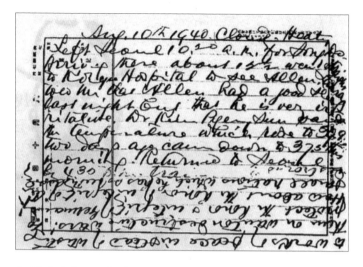

윤치호의 일기 1883년 1월 1일부터 1887년 11월 24일까지는 한문으로, 1887년 11월 25일부터 1889년 12월 7일까지는 한글로, 1889년 12월 7일 이후의 일기는 영어로 썼다.

위가 내가 올바른 선택을 했다는 사실을 입증해주길 바란다"[13] 라고 자신의 바람을 적었다.

조선 왕조시대의 서북 차별의식은 식민지 사회까지 이어지고 있었다. 기호(畿湖) 지역 주류 엘리트들은 서북 출신을 극도로 혐오했다. 일례로 신흥우나 유억겸 등 기호파 리더들은 이광수의 이화여자전문학교 강연을 불과 몇 시간 앞두고 미국인 교장에게 그의 이혼 경력을 험담하여 강연을 취소시킴으로써 그를 모욕하기도 했다. 이화여자전문학교에서는 당시 정두현을 초빙

정두현과 정광현

하려 했지만, 신흥우가 "여교사가 가르쳐야 한다고 제안하여 아주 교묘하게 이 계획을 취소시켰다."[14]

정두현에게는 막혀 있던 경성의 주류사회로 가는 길이 윤치호가(家)의 일원이 된 정광현에게는 허락되었다. 그는 1930년 3월부터 연희전문학교 교수가 되었고, 이화여자전문학교에서도 강의를 하며 중앙의 저널리즘에도 법률과 관련된 글을 활발히 기고했다. 정광현은 여성을 보호하는 것처럼 보이는 법률 규정이 아내의 간통만을 벌하는 불평등 규정임을 지적하는 등, 특히 여성의 법률적 지위와 남녀평등권에 대한 주목할만한 선구적인 연구 성과를 남겼다.[15]

일본의 군국주의적 침략이 본격화되면서 정광현에게도 시련이 닥쳤다. 1938년 2월 연희전문학교 상과의 '경제연구회' 문제로 백남운, 이순탁, 노동규 등이 검거된 이후, 사건은 흥업구락부 및 동우회 사건으로 확대되었다. 이 과정에서 연희전문학교의 대다수 교수와 함께 정광현도 검거되었다. 조선총독부는 연희전문학교를 폐교하거나 아니면 선교사에게서 빼앗고자 했다. 연희전문학교의 많은 교수가 사직 압력을 받았으며, 기소 의견으로 검찰에 송치되었다.

1938년 9월 사상전향서를 쓰고 기소유예 처분으로 풀려난 사람들 중에 정광현도 끼여 있었다. 정광현의 방면은 윤치호와 관련 없지는 않았을 것이다. 윤치호는 정광현이 기소된 후 5월경

　　　　　1 식민과 분단으로 서로를 지운 '평양'의 형제

정광현의《성씨논고》신문 광고 《동아일보》1940년 2월 12일자.

조선총독부 관료였던 김대우가 보안과장과 대화를 나눈 뒤 전화를 걸어와 "선생님께 가장 가까운 분께 관해서는 걱정하지 마십시오"라고 말했다면서 "'선생님께 가장 가까운 분'은 정광현을 가리키는 것일까"라고 일기에 적고 있다.[16]

이후 정광현은 식민권력에 협력해간 윤치호의 길에 동행했다. '대화숙(大和塾)'[17] 생활을 거친 그는 창씨개명의 해설서 격인《성씨논고》(1940)[18]를 펴냈고, 연희전문학교 교장이 된 윤치호를 도와 서무과장으로 일했으며, 1944년부터는 조선총독부 중추원 구관제도 조사과 명예촉탁으로 있다가 해방을 맞이했다.

동생이 풍파를 겪으며 경성살이를 하는 동안 정두현도 평양 지역 사회를 배경으로 다양한 활동을 했다. 그는 숭실전문학교 교수이자 남문교회 장로를 지냈으며, 평양 지역의 교육 문화 활

정두현과 정광현

동에도 폭넓게 관여했다. 일본 경찰의 기록에 따르면, "1934년 3월 15일자 생활 개선 본위 잡지 《신흥생활》 창간호를 불허"[19]했는데, 잡지의 발행인은 정두현이었다. 1936년 숭실학교 교장이 된 정두현은 신사참배 거부로 1937년 학교가 폐교되자, 다시 세 번째 유학길에 나선다.

1938년 4월, 노년에 접어든 51세의 정두현은 타이베이의 다이호쿠제국대학 의학부에 입학했다. 자서전에서 정두현은 "인간에 대한 생물학적 연구와 인민 보건에 다소간 공헌하여보겠다는 의도"로 의학 공부를 시작했다고 적고 있다. 1942년 3월 그는 다이호쿠제국대학 의학부 3회 졸업생이 되었다. 1942년 4월부터 1945년 6월까지는 경성제국대학 의학부 내과학 및 생리학 연구실에서 연구생으로 공부했으며, 평양에서 휴양 중에 해방을 맞았다.

영화 〈태극기 휘날리며〉의 현실판 형제

해방과 곧바로 이어진 분단은 형제의 삶을 결정적으로 갈라놓았다. 정두현은 1938년부터 해방 때까지 의학 연구에 몰두했기에 식민권력과의 타협 없이 해방을 맞이할 수 있었다. 당시 북한에는 이학 전공 지식인이 대동공업전문학교의 조선인 교수 세 명

1 식민과 분단으로 서로를 지운 '평양'의 형제

뿐이었다. 그러니 평양서 나고 자란 유지이자 3·1운동 때 옥고를 치른 데다 제국대학 세 곳이나 졸업하고, 숭덕·숭인·숭실학교 교장과 전문 교수를 지낸 정두현이 돋보일 수밖에 없었다.

평안남도 인민위원회는 1945년 10월에 그를 평양의학전문학교 교장으로 초빙했다. 1946년에는 아홉 명으로 구성된 종합대학창립준비위원회의 위원이 되어 김일성종합대학 설립을 주도하고, 초대 의학부장이 된다. 그는 1946년 6월 17일에 재정상이었던 연안파 최창익의 보증으로 북조선노동당에 입당하여 중앙위원이 되었으며, 1947년에는 유엔의 한국임시위원단 조직에 대항해 31명으로 구성된 임시헌법제정위원회에 김일성, 김두봉 등과 함께 선임되었다.

이처럼 정두현은 북한의 공적 영역에서 김일성종합대학의 학부장, 노동당 중앙위원, 임시헌법제정위원 등, 확고한 입지를 가지고 있었다.[20] 그는 당시 남한의 서울에 있던 동생을 어떻게 인식하고 있었을까? 남북으로 갈린 형제라고 하면 영화 〈태극기 휘날리며〉(2004)가 그리고 있는 이념과 체제를 뛰어넘는 감동 깊고 애틋한 형제애를 떠올릴 법하다. 그렇지만 영화 밖 현실에서는 적대적인 상대 진영에 있는 형제의 존재는 커다란 위협이었다.

특히 성공한 형제는 상대 진영의 형제에게 죽음을 초래할 위험이 있었다. 한국전쟁 때 북한의 국가검열상이었던 약산 김원봉의 4형제와 사촌 5형제가 총살당했다.[21] 상대 진영의 성공한 형제는 감추어야 하는 존재였다. 북한의 정두현에게는 남한에 있던 동생 정광현이 그러했을 것이다. 손꼽히는 자본가이자 친일파였던 윤치호의 사위이며 조선총독부 중추원의 촉탁을 거쳐 미군정에서 법무관과 관재처 차장이 된 남한의 정광현은 형 정두현의 사회적 경력에 심각한 위협이 될 수 있는 부담스런 존재였다.

정두현의 자필 이력서에서 그의 고충을 엿볼 수 있다. 정두현은 이력서의 '동거 가족'란에 아내·며느리·손자 이름을, '별거 가족'란에는 계모 김재신을, '친척 관계'란에는 '정길현 및 그의 가족'이라고만 적었다. 정길현은 정두현과 정광현 사이에 있던, 정재명의 둘째 아들이거나 종형제였을 것이다. 정두현은 정길현을 적고 나서 막냇동생을 떠올리며 잠시 머뭇거렸을지도 모른다. 하나 그는 곧 다음 항목으로 넘어갔다. 그 머뭇거림의 순간에 그는 정광현을 떠올리며 무슨 생각을 했을까?

정광현은 1950년 1월부터 서울대학교 법과대학 교수로 취임하여 1962년 정년 때까지 봉직했다. 그는 평생 저서 10권, 논문 136편을 발표했으며, 한국의 친족상속법의 기초를 마련하고 헌법에 남녀평등 이념을 구현한 법학자로 평가받고 있다.[22] 1966년에는 학술적 업적을 인정받아 대한민국학술원 회원이 되었다. 1971년에는 자식 4남매가 이민해 정착한 미국으로 건너가 말년

1 식민과 분단으로 서로를 지운 '평양'의 형제

을 보내다가 1980년에 코키스빌(Cokeysville) 묘지에 묻혔다. 정광현은 가끔 형을 떠올렸을까? 아직까지 그가 형을 그리워하거나 떠올린 흔적은 발견되지 않았다. 정광현에게도 북한 사회의 중추가 된 형은 위협적인 존재였을 것이다. 형을 떠올리는 대신 정광현은 장인 윤치호에게 애틋한 정을 쏟았다. 그는 말년에 미국에서 살면서 윤치호가 〈애국가〉 작사가라는 사실을 입증하는 데 힘썼을 뿐 아니라 윤치호 전기를 집필해 애국자로서의 면모를 드러내고자 했다. 이런 정광현의 삶은 "평양 사위가 내가 올바른 선택을 했다는 사실을 입증해주길" 바란 윤치호의 기대에 부응한 것이었을까?

이인과 이철

검찰총장과 남로당원

남로당 아지트가 된 법무부장관 집

1950년 2월 23일 한밤중, 미군정에서 검찰총장을 역임하고 이승만 정부 초대 법무부장관을 지낸 제헌의회 국회의원 이인(李仁, 1896~1979)의 집에 서울시 경찰국 사찰과 형사들이 들이닥쳤다. 그들은 이인의 큰아들 이옥(李玉, 1928~2001)을 체포했다. 같은 시각 이인의 동생 이철(李哲, 1917~1950)과 조카 이용도 각각 자택에서 형사들에게 연행되었다.[1] 체포영장에 적힌 혐의는 이른바 '남조선노동당(이하 '남로당') M·L연구부'에서 활동한 국가보안법 위반이었다. 며칠 뒤 다른 가족들도 잇달아 체포되었다.

국가보안법 관계로 지난 2월 23일 경찰국에 구속한 이인 씨의 장남 이옥(23세)을 위시한 동 가족인 이철(34세, 이인 씨의 동생, M·L연구책), 고옥남(30세, 이철의 처), 이용(22세, 생질), 이덕경(24세, 장녀), 이응숙(42세, 자姉) 등은 소위 남로당 M·L연구부 사건 혐의로 신진균(34세, 남로당중앙상임위원회 오르그·조직책)과 함께 7일 일건 서류 및 수많은 증거 서류와 같이 송청(送廳)되었다고 한다.[2]

당시의 신문 보도는 젊은 남성들에 이어서 이인의 제수(弟嫂, 이철의 부인), 맏딸, 여동생 등 장관의 여성 가족들도 'M·L연구부 회원'으로 추가 검속된 사실을 전했다. 이인 가족들의 혐의는 "공산주의에 대한 이론적인 투쟁을 연구하며 국내 정치·경제 문제에 대한 연구를 하여 상부에 보고하고 남로당원 교양 교재와 선전 재료를 제공하였던 것"[3]이었다. 이후 신문 기사는 이인의 동생 이철과 장남 이옥만 구속기소되고 나머지는 방면되었다고 보도했다.[4]

이인은 이 상황에 큰 충격을 받았을 것이다. 당시는 국회 프락치 사건과 그를 전후한 법조 프락치 사건 등으로 이인이 활동한 법조계와 국회에서 남로당 관련 공산주의자 색출의 광풍이 불고 있었다. 이런 시국에 가족이 떼로 남로당 조직에 연루된 것은 치명적이었다. 어쩌면 가족들의 배신이 더욱 뼈아팠을지도 모른다. 이인은 1946년 정판사(精版社) 위조지폐 사건 수사를 지휘하며 좌익 소탕을 주도한 검찰총장으로, 남로당과 구원(舊怨)을 가지고 있던 사이였다.

M·L연구부 사건의 중심에는 이인의 동생 이철이 있었다. 이철은 이 조직의 실질적인 '연구책'이었다. 학생 시절부터 식민지 현실의 모순에 민감했던 이철은 해방 후 본격적인 좌익 활동을 시작했다. M·L연구부는 남로당 활동을 뒷받침하는 이론 생산 부서였다. 젊은 인텔리 당원들이 이론 학습을 하며 문건 집필에 필요한 자료의 수집과 정리 등을 담당하던 이 조직에 이철은 자신의 혈족인 젊은 조카들과 누이를 끌어들인 것이다.

새로운 조선의 진로를 사회주의로 설정한 남로당원 이철과 정판사 위조지폐 사건 수사를 지휘해 공산당에 타격을 준 검찰총장 이인 형제는 원만할 수 없는 사이였다. 이인에게 좌익 활동을 하는 이철은 눈엣가시였다. 이인은 이철이 자신의 아들딸을 "붉게 물들인다"며 "우리 집안을 망치는 놈이다"라고 노발대발했다. 신문 기자들과 만나서는 "철 같은 놈은 잡아 죽일 수밖에 없다"[5]고 공공연히 극언하며 이철과 의절하다시피 할 정도로 감정이 나빴다.

아이러니하게도 이인이 검찰총장, 법무부장관 등을 지내며 좌익 색출에 몰두하는 동안, 그의 아들딸은 삼촌인 이철에게 '붉게 물들어' 마르크스주의에 경도되었다. 이인의 집은 남한 사회에서 가장 안전한 남로당 아지트였던 것이다. 당시 상황만 놓고 보자면 이인은 집안의 젊은이들에게 우익 보수 '꼰대' 취급을 받은 셈이지만, 이인이야말로 시대의 풍파를 온몸으로 겪어낸 인물이었다. 식민지 시기에 이인은 평범을 넘어 '성스럽기조차 한' 풍모를 보인 삶을 살았다. 먼저, 이인의 생애를 따라가보자.

독립투사가 된 '사상 사건' 변호사

이인은 1896년 10월 26일 대구 사일동에서 이종영(李宗榮)과 정복희의 장남으로 태어났다. 동생 이철이 망칠까 걱정했던 집안의 기원은 고려시대 주자학의 개척자였던 익재 이제현까지 거슬러 올라간다. 부친 이종영은 헤이그 밀사 이준 열사와 교류했으며, '자강회'와 '대한협회'의 중심인물로 활약한 구한말의 애국지사였다. 이인은 어려서 성리학자였던 조부 이관준에게서 한문을 배우고 여덟 살에 대구의 달동 심상소학교에 입학하여 신학문을 접했다.

1913년에는 도쿄로 유학하여 세이소쿠(正則)중학교에 입학했다. 출판사 교정 등으로 학비를 마련하며 어렵게 유학 생활을 꾸린 것으로 전한다. 이듬해인 1914년 니혼대학(日本大學) 법과 야간부에 입학했으며, 이어서 메이지대학(明治大學) 전문부 법과

2 검찰총장과 남로당원

2학년에 편입하여 법률을 전공했다. 1910년대 유학생인 이인은 김성수, 안재홍, 장덕수, 유억겸, 신석우, 최남선, 서춘, 홍성하, 신익희, 변희용, 이광수 등 동시대 도쿄 유학생들과 사귀며 식민지(인)의 고통을 예민하게 자각했다.

1917년 귀국하여 조선상업은행 종로지점에서 잠시 일하다가 그만두고, 3·1운동 때 숙부인 우재 이시영을 도와 삼남의 유림들과 연락을 취하며 항일운동에 참여했다. 3·1운동이 좌절된 후 다시 도쿄로 건너간 이인은 27세 되던 해인 1923년 변호사 자격시험에 응시했다. 4,000명이 응시하여 70명이 합격한 시험에서 그는 유일한 조선인 합격자였다. 1923년 5월 경성에 변호사 사무실을 연 이인은 이후 독립지사들의 '사상(思想) 사건'을 주로 맡아 무료 변론에 나섰다.

그는 의열단 제1·2사건, 신의주민족투쟁 사건, 광주학생의거 사건, 고려혁명당 사건, 안창호 사건, 수양동우회 사건, 송진우·안재홍·신일용 등의 필화 사건, 서울민중대회 사건, 칠산혁명당 사건, 원산노동쟁의 사건, 형평사(衡平社) 사건, 6·10만세운동 사건, 수원고등농림학교 사건, 대전신간회 사건, 이동수의 이완용 암살계획 사건, 사이토 마코토(齋藤實) 조선총독 암살미수 사건 등 식민지 조선에서 일어난 중요한 '사상 사건'에서 변론을 맡았다. 그가 변호한 사건만으로도 독립운동사를 엮을 수 있을 정도다.[6]

변호사로서의 그의 역량을 보여주는 일화가 여럿 전한다. 1926년 6월 광주지법에서 열린 형평사 사건 공판 변론이 대표적인 사례다. 백정을 천시하는 계급의식을 타파하고 민족해방운동을 지향한 형평사의 회원 600여 명이 검거되었고, 그중 40여 명이 구속기소되었다. 변호인 이인은 피고인들의 조서가 모두 같은 날짜로 작성되었고, 한 경찰관이 50장 정도 작성할 수 있는 분량을 넘겨 하루 850장까지 작성된 사실을 따져 전원 무죄 선고를 받아냈다.[7]

일본 검찰과 경찰의 입장에서는 이인이 얼마나 미웠겠는가. 1942년 10월 조선어학회 사건이 일어나자 회원이었던 이인도 학회 비용 지원을 빌미로 체포되었다. 일본 경찰과 검찰의 조사를 받으며 햇수로 4년 동안 미결수로 갖은 시달림을 받다가 1945년 1월 16일 함흥지법에서 징역 2년, 집행유예 4년을 선고받고 풀려났다. 이때 당한 고문으로 평생 보행이 부자유스러울 만큼 다리를 상했다. 곧이어 해방이 찾아왔고 그는 한국민주당의 총무로 정치활동을 시작한다.

법률 전문성에 항일 경력이 더해져 그는 미군정에서 수석대법관과 검찰총장을 거쳐 1948년 정부 수립 때 초대 법무부장관에 발탁되었다. '이승만의 양녀'로 불린 상공부장관 임영신의 독직 사건(사기 및 수뢰 혐의) 처리와 관련된 파동으로 사직한 후에는 국회의원으로 활동했다. 4·19혁명 때에는 이승만 하야를 요구하

2 검찰총장과 남로당원

십일회 기념사진

십일회는 조선어학회 사건으로 곤욕을 치른 생존자들의 모임이다.
(1962년 10월 2일 촬영). 앞줄 왼쪽에서 세 번째가 이인이다.
한글학회 소장.

는 성명에 동참했으며, 박정희 정권하에서는 원로로서 야당 통합을 위해 여러 노력을 기울였다. 식민지 시기의 조선어학회 사건의 공훈이 인정되어 1963년 건국훈장 독립장을 받았다.

식민지 시기 지조를 지키며 존경받는 삶을 살았던 데 반해, 해방 직후 이인의 정치적 행로는 관점에 따라 비판적 논란이 있는 것이 사실이다. 식민지에서 "민족주의 사건이고 공산주의 사건이고를 구별하지 않"[8]고 변론을 맡았던 그는 미군정의 검찰총장이 된 후에는 남로당의 불법화와 탄압을 주도했다. 또한 '반민족행위특별조사위원회(이하 '반민특위')'의 제2대 위원장을 맡아서 결과적으로 반민특위 활동을 무력화하는 데 일정한 역할을 했다는 비판도 있다. 이처럼 우익 진영에서 두드러진 역할을 하던 이인을 아주 곤란케 한 이가 있었으니 바로 동생인 사회주의자 이철이었다.

양심적 좌익 인텔리의 비극

그 사람을 알려면 친구를 보라는 말이 있다. 이철의 됨됨이는 그의 친구였던 역사학자 김성칠의 기록에 그 흔적이 남아 있다. 이철은 1937년 3월 경성법학전문학교 졸업 동기이자 경성제국대학도 함께 다닌 김성칠의 "가장 가까이 지내던 친구"[9]였다. 둘은

2 검찰총장과 남로당원

학병 거부로 투옥되는 고통도 함께 겪었다. 이철의 아내 고옥남은 김성칠의 아내 이남덕과 이화여자전문학교와 경성제국대학을 함께 다닌 '절친'이며,[10] 이철의 결혼도 김성칠이 중매하고 혼주(婚主)인 이인을 설득해 성사된 것이었다.

이철은 김성칠이 남긴 일기 《역사 앞에서》에 전체를 통틀어 가장 빈번하고 길게 등장하는 인물이다. 해방 후 좌익에 가담한 이철과 학구(學究) 생활을 지속한 김성칠은 가는 길이 어긋나게 된다. 하지만 김성칠이 "정치광(政治狂) 노릇 그만하고 불문학 공부나 계속하려무나" 하면, 이철이 "네놈들처럼 민족과 국가의 운명이야 어느 지경으로 가든 이를 남의 일처럼 좁은 연구실 창구멍으로 내다보고만 있을 수 있느냐"[11]고 응수하는 식으로 둘은 막말을 나누면서도 서로를 헤아리는 친구였다.

해방 직후인 1945년 12월 5일자 일기에 김성칠은 혜화동에 살던 이철을 찾아갔다가 "인민공화국에 가서 일 본다고 부재"한 그의 처소를 둘러보며 "그는 기어이 갈 길을 가고야 마는구나"라며 "불 아니 땐 그의 방처럼 세상이 한결 추워지는 것"[12] 같다고 쓸쓸한 소회를 남겼다. 이철이 걸어갈 앞으로의 세상에서 한기를 미리 예감한 김성칠의 느낌은 곧 현실이 된다. 친형인 이인이 앞장섰던 좌익 색출의 한파가 몰아치던 해방공간에서 이철은 어찌 살았을까?

이철의 활동상에 대해서는 알려진 바가 그리 많지 않다. 김성

이인과 이철

〈좌익서적출판협의회〉 기사 박스 안의 내용이 해당 기사로, 《중앙신문》 1945년 11월 2일자.

칠의 일기에 해방 직후 '인민공화국에 가서 일을 본다'는 언급이 있고, 이어서 '좌익출판문화협회'에서 활동했다고 적고 있을 뿐이다. '좌익출판문화협회'의 정확한 명칭은 '조선좌익서적출판협의회(이하 '좌협')'로, 이철은 이 단체를 중심으로 활동했던 것으로 보인다. 최근 '좌협'에 대한 새로운 자료와 연구를 통해 이 조직의 출발 및 면모, 그리고 이철의 활동상을 알 수 있게 되었다.

　1945년 11월 2일자 《중앙신문》의 〈좌익서적출판협의회〉라는 1단짜리 기사는 "과거의 일본 제국주의의 압박으로 박해를 받던 좌익 서적의 출판을 동일한 계통으로 통제하여 '맑스', '레닌'주의 이론을 대중에게 보급하기 위하여 일전에 서울 모처에서 '동무사', '해방사' 등 좌익 서적 출판 관계자 대표가 모여 협의한 결과, 조선좌익서적출판협의회를 창립하였는데, 본부 사무소는 서울 안국정(지금의 안동동) 행림서원 안"에 두기로 했다고 보도했다.

좌협의 정확한 창립일자는 나와 있지 않지만, 1945년 10월 하순경에 결성된 것으로 보인다. 좌협의 본부 사무소 소재지인 행림서원은 안국정 155번지에 있던 2층 건물로 조선 공산당 아지트 가운데 하나였으며, 당시 조선공산당의 재건준비운동이 진행되던 사무실이었다.[13] '좌익서적출판협의회 총판매소'로 소개된 '우리서원'의 광고에는 좌협에서 펴낸《좌협월보》와〈판매목록〉을 구비하고 있다고 밝혔다.[14] 이로 보아 좌협은 좌익 서적 발행 출판사들의 연합 조직으로, 기관지도 발행했음을 알 수 있다.

발족 당시 좌협의 조직과 임원을 보면, 의장 겸 기획부장 온낙중, 번역부장 이철, 출판부장 김양수, 배포연락부장 이창훈, 도서부장 이상호이며, 기획부원으로 최성세, 최승우, 이철, 김순룡 등 4명을 두고 있었다.[15] 조직의 편제를 통해 공산주의 서적의 번역·집필·출판을 담당하는 다목적 출판 단체임을 알 수 있다. 실제로 좌협은 별도로 등록된 출판사였으며, '좌협' 명의로 번역 출판과 감수 등의 출판 활동도 수행했다.[16]

무엇보다 좌협은 좌익 서적 출판사들이 같은 서적을 중복 출판하는 것을 조정하고 출판에 앞서 원고 검토를 실시해 남로당

노선의 부합 여부를 가늠하는 역할을 했다. 번역부장과 기획부원을 겸했던 이철은 좌협의 핵심적인 실무책임자였던 것으로 보인다. 이철은 중복 출판을 조정하고 번역을 주도했다. 하지만 미군정의 탄압으로 남로당이 지하조직화되고 좌협도 유야무야되면서 이철은 다른 활동으로 옮겨간 것 같다.

1948년 즈음 이철은 고옥남과 결혼하여 딸을 낳고 잠시 평온한 일상을 보냈지만, 앞서 언급한 M·L연구부 사건으로 1950년 봄 서대문형무소에 수감되었다. 가족들은 《서울신문》에 이철의 탈당 성명서를 냈다. 이때 형 이인이 담당 검사에게 손을 써서 이철 본인이 성명을 시인하기만 하면 풀려날 판이었다. 그런데 검사실에 불려간 이철은 전후 사정을 듣고서는 서슴지 않고 "이 성명은 내 본의에 어긋난 것"이라고 부인해 입회한 형 이인을 난처하게 만들었다.[17]

탈당 성명서를 부인하고 수감 생활을 하던 이철은 그해 6월 인민군이 서울을 점령하자 풀려나와 서울시 인민위원회의 문화선전부에서 일했다. 그는 9월 28일 유엔군의 서울 탈환으로 인민군이 퇴각할 때, 월북하다가 사살당한 것으로 알려졌다.[18] 김성칠은 임신한 고옥남이 "어린 딸을 업고 무거운 보따리를 이고 남편을 따라 몇백 리 길을 허둥지둥 따라가다 마침내 어찌할 수 없는 막다른 골목에 이르러 남편을 여의고 되돌아온"[19] 이철 가족의 비극적인 후일담을 전하고 있다.

전쟁과 가족, 남북의 화해

이인·이철 형제의 갈등은 "시대의 장난이요, 민족의 비극"[20]이라 할만하다. 이인으로 말하자면, 해방 후 공산당에 대한 노골적 혐오를 드러내며 점차 강경한 우익 성향을 보였지만, 그 어렵던 일제강점기를 훼절하지 않고 올곧게 살아나온 존경할만한 인물이다. 사상 사건이라면 좌우를 가리지 않았고 보수도 없이 오히려 자기 비용을 써가며 정성껏 변론했다. 1979년 세상을 떠날 때에도 그는 살던 집을 비롯해 모든 재산을 한글학회에 기증할 것을 유언으로 남겼다.

이철의 경우는 어떠한가. 경성법학전문학교 출신으로 경성제국대학 법문학부에서 불문학 전공으로 학구 생활을 하던 이철은 민족의 현실을 외면하지 못하고 현실 운동에 뛰어들었다. "민족과 국가의 운명이야 어느 지경으로 가든, 이를 남의 일처럼 좁은 연구실 창구멍으로 내다보고만 있을 수 있느냐 말이다. 옳고 그름을 판단할 수 있는 젊은 양심을 지니었다면 어찌 뛰쳐나와서 일하지 않고 가만히 앉아 배길 수 있을 것인가"[21]라는 비판은 김성칠에게만이 아니라 그 스스로의 내면에 가했을 채찍이었을 것이다.

사상 사건을 무료 변론하고 조선어를 지키려다 투옥되어 모진 고문을 당했던 형과, 민족을 위한 올바른 길을 사회주의에서 찾으려 한 양심적인 인텔리 청년이었던 동생. 분단과 전쟁은 이념이

이인과 이철

다른 이 형제를 화해할 수 없는 운명으로 갈라놓았다. 집안을 망칠 놈이라며 "철 같은 놈은 잡아 죽일 수밖에 없다"고 저주의 말을 퍼부었지만, 형은 동생을 구하기 위해 담당 검사 오제도에게 머리를 조아려야만 했을 것이다. 이철 역시 형의 육친애를 모르진 않았겠지만, 자신의 양심과 신념을 배신할 수는 없었으리라.

이인·이철 형제의 애증을 보면서, 소설 《태백산맥》의 염상진·염상구 형제가 떠올랐다. 이지적이고 투철한 사회주의자 형 염상진이 빨치산 활동 중에 전사하고 그 주검이 거리에 내걸렸을 때, 우익 청년단장으로 갖은 악행을 일삼던 동생 염상구는 같은 편인 경찰에게 총부리를 겨누면서까지 증오했던 형의 시신을 수습해 안장한다. 이념에 의한 비극적 상처를 극복하는 것은 결국 상처를 준 상대를 용서하고 이해하는 데에서부터 출발하는 것일지도 모른다.

해방공간의 이념적 갈등과 혼란, 전쟁의 비극은 이인·이철 형제뿐 아니라 다른 가족들의 삶에도 큰 영향을 끼쳤다. 'M·L연구부' 사건으로 구속기소된 이인의 가족 중에는 큰아들 이옥도 있었다. 그렇지만 최종적으로는 이철만 형무소에 남고 이옥도 석방되었다.[22] 이인은 식민지 시기를 회고하면서 변론 사례로 받은 강원도 "삼뿌리를 달여 먹"[23]이며 아들 이옥을 애지중지 키웠다는 이야기를 한 적이 있다. 아마도 이인은 아들이 수감되었을 때도 애달픈 부정(父情)으로 탈당 성명서를 내도록 설득하고 석방

2 검찰총장과 남로당원

을 위해 삼뿌리 못지않은 지극한 정성을 기울였을 것이다.

전향한 이옥은 한국전쟁에서 살아남았고, 연세대학교에서 학생들을 가르치다가 1957년 무렵 프랑스로 건너간다. 그는 프랑스에서 한국어 강사로 생계를 유지하면서 〈조선의 고대사-고구려 연구〉로 국가박사학위를 받고 프랑스에 정착해 파리7대학에 한국학과를 개설해 교수로 지냈다. 이후 콜레주 드 프랑스(Collége de France) 소속 한국학연구소 소장을 역임하고 유럽 한국학회를 창설하는 등 유럽에서 존경받는 한국학자가 되었다. 그 연구 공로를 인정받아 한국인 최초로 프랑스 교육문화훈장인 '팔므 아카데미크(Palmes académiques)'를 받았다.[24]

M·L연구부 사건으로 수감된 뒤 석방, 한국전쟁에서의 생존, 프랑스로의 이민(유학) 등 이옥의 인생 역정은 부친 이인의 후광 없이는 어려운 일이었을 것이다. 그렇지만 이옥에게 왜 회한이 없었겠는가. 그가 프랑스로 이주한 동기는 알 수 없지만, 어쩌면 소설 《광장》의 주인공 이명준이 남과 북 어느 곳도 선택하지 않고 중립국 인도를 선택한 것과 같은 심정이 아니었을까? 그가 향한 곳은 그의 동지이자 삼촌인 이철이 전공했던 불문학의 나라였다. 어쩌면 그의 프랑스행은 스스로에 대한 용서이자 삼촌과의 화해의 여정이었을지도 모른다.

2001년 73세를 일기로 생을 마감한 이옥은 프랑스 몽파르나스 묘지에 안장되었다.

이인과 이철

공산당 부역자와 '애국가' 작곡가

안익조와 안익태

한 '부역' 군인의 죽음

1950년 11월 7일, '시외 모처'에서 '부역자' 23명이 총살되었다.[1] 군사재판정에서 사형을 언도한 지 일주일 만이었다. 그들 중에는 '정부를 믿고 생업에 종사하라'는 녹음 방송을 틀어놓고 도주한 대통령의 말을 믿고 잔류했던 사람도 있었다. 살기 위해 어쩔 수 없이 북한 당국에 협력했지만, 그 때문에 목숨을 잃을 거라고는 상상조차 하지 못한 이도 많았을 것이다. 그날 처형된 23명 중에는 의정부 방어부대 제7사단에서 낙오한 헌병대장 안익조(安益祚, 1903~1950) 중령과 그의 아내도 있었다.

당시 신문에 보도된 안익조의 범죄 내용은 "6·25경 서울 시내에서 국군으로부터 이탈된 낙오자로서, 7월 3일경 괴뢰군 군사

안익조와 안익태

비밀조사위원회에 자진 출두 자수한 후 9월 27일경에 이르는 동안 은닉하였던 국군의 무기, 기관탄총, 권총, 장총 각 1정 및 동(同) 실탄 300발을 자진 제공하였고, 피고 집을 군사비밀조사위원회 사무실로 제공, 의정부 서울 간에 있어서의 국군의 전투 상황 및 그 지역에 집결된 부대 상황을 동 위원회에 제공"[2]한 것이었다.

그를 심판했던 전국계엄사령부 법무부장 김종만 소령은 훗날 안익조가 "부인과 함께 좌익 거물인 김원봉에게 정보를 제공하는 등"의 부역을 한 혐의였으며, "본인은 완강히 부인했지만, 나중에 부인이 모두 자백"[3]하여 부부가 함께 처형되었다고 술회했다. 안익조의 죄목은 여러 의문을 불러일으킨다. 인민군에 서울이 점령된 상태에서 의정부의 부대 상황은 과연 어떤 가치가 있었을까? 이전부터 김원봉에게 정보를 제공했다는 것일까? 죽인 자의 말만 있을 뿐 죽은 자는 말이 없다.

서울 수복과 함께 돌아온 이른바 도강파들은 서울에 남았던 '잔류자'를 모두 잠재적 부역자로 간주했다. 초기에는 재판 절차 없이 죽이는 일도 흔했다. 이후 군사재판이라는 형식상의 절차가 생겼지만, 당시는 전시였다. 안익조 등의 사형선고를 전하는 신문 기사 바로 옆에는 공교롭게도 부역자 수사에 대한 한국군 CIC대장 김창룡 대령의 발언이 함께 실려 있다. "조사 중 고문 또는 불법집행이 없었느냐"는 기자의 질문에 김창룡은 "우리

3 공산당 부역자와 '애국가' 작곡가

의 수사는 과학적이며 민주적"[4]이라고 답했다.

이승만 정권을 위한 '공안사건 조작' 등으로 야당 의원들의 비판을 받은 김창룡의 입에서 나온 '과학적이고 민주적 수사'라는 답변은 많은 '부역' 혐의가 고문에 의한 자백이거나 과장되었다고 실토하는 것처럼 들린다. 한국전쟁 이전 군부 내 좌익 숙청을 주도하며 출세한 김창룡은 해방공간에서의 안익조 행보를 '빨갱이의 암약'처럼 느꼈을지도 모른다. 안익조는 해방 후 경찰에 투신해 제5관구경찰청 총무부과장, 경상북도 군위경찰서장 등을 역임하고, 1949년 6월 육군 헌병 소령으로 특별 임관 후 제3사단 헌병대장이 된다. 1949년 9월 그는 이런 담화를 남겼다.

"현하 남한에 있어서 열렬한 일부분의 공산당원을 제외하고는 해방 직후 혼란기에 부화뇌동하여 좌익 계열에 가담한 민중이어서 선량한 백성으로 돌아가게 돼도 불구하고 관계 당국에서 확고한 신분보장이 허용되지 않음은 유감한 일이다. 앞으로 당 헌병대에서는 귀순자 또는 전과를 개선한 자에 대하여는 충분한 신분보장을 하여 생업에 매진토록 추진하겠다. 그리고 좌익 계열에 하등 관계없는 사람을 공산당 혹은 남로당이라고 모략 중상하는 자에 대하여는 공산당 이상의 추상같은 엄벌을 가할 것이다."[5]

안익조와 안익태

안익조가 헌병대장으로 근무하던 제3사단은 대구에 주둔하고 있었다. 1946년 식량 봉기가 시작된 대구와 그 인근에서는 상황이 끝난 후에도 많은 사람이 좌익 혐의로 고초를 겪고 있었다. 또한 당시는 제주도 4·3항쟁 진압 출동을 거부한 여수·순천 주둔 연대의 '반란'을 겪으며, 사회 전반에 '레드 퍼지(Red Purge, 공산주의자 및 동조자를 공직이나 기업 등에서 추방하는 일)'가 진행되고 있었다. 이 살벌한 시절에 안익조는 귀순자에게 신분보장을 약속하고, 무고한 자를 공산당(혹은 남로당)으로 모략하는 자를 엄벌한다는 방침을 밝힌 것이다.

1948년 4월 7일자 《영남일보》는 군위경찰서장 안익조의 "물심양면의 지원"에 따라 '군위유치원'이 개원한 사실을 보도했다.[6] 대구 봉기 당시 군수와 경찰서장을 감금했던 불온한(?) 이력을 지닌 곳에 부임한 안익조는 유치원 설립을 적극적으로 후원하는 등 당시의 위압적 경찰상과는 다른 모습을 보였다. 혹시 안익조는 숨겨진 좌익이었을까? 식민지 시대 그의 경력을 보면 그 가능성은 희박하다. 해방 전 그의 삶에서 그 이유를 알아보자.

레코드사 문예부장이 된 제국대학 의학사

안익조는 〈애국가〉를 작곡한 안익태(安益泰, 1906~1965)의 형이

〈조선군과 전미군의 야구대전의 광경〉《매일신보》1922년 12월 10일자.

다. 그는 1903년 평양 문무리에서 여관을 경영하던 안덕훈(安德勳)과 김정옥(金貞玉) 사이에서 7형제 중 둘째로 태어났다. 안익태는 셋째 아들로, 안익조와 세 살 터울이다. 안익조는 단지 안익태의 형으로만 기억되기에는 아쉬운 인물이다. 그는 식민지 조선 사회의 명사로, 그의 이름은 평양제일공립보통학교와 휘문고등보통학교를 거쳐 일본에서 유학하던 청소년기부터 신문지상에 오르내렸다.

학창 시절 안익조는 유명한 야구선수였다. 도쿄 유학 시절, 그는 박석윤·박석기 형제 및 윤치영 등과 함께 '재동경조선기독청년야구단'에서 활약했다.[7] 일본과 조선의 여러 팀과 시합하며 이름을 날리던 유격수 안익조의 최전성기는 1922년 12월 8일 용산 만철운동장에서 펼쳐진 전미직업야구단(지금의 메이저리그 올스타팀)과의 경기였다. 전미직업야구단의 '오리엔트 투어'의 일환이었던 이 경기에서 조선 대표팀은 23 대 3으로 대패했지만, 선발 출전한 안익조는 기죽지 않고 3타수 1안타의 활약을 보였다.[8]

안익조가 야구만 했던 것은 아니다. 그는 고치(高知)고등학교(1923. 4~1926. 3)를 거쳐 1926년 도쿄제국대학 농학부 수의학과에 입학하여 1929년 3월에 졸업했다. 수의학만으로는 부족했던지 도쿄제국대학을 졸업하자마자 4월에 다시 경성제국대학 의학부에 입학하여 1933년 7월에 졸업했다. 수의학 전문의 농학사이자 폐결핵 전문의 자격을 취득한 의학사(醫學士)인 안익조가 사회에 진출하며 선택한 첫 직장은 아주 뜻밖이었다. 그의 첫 직업은 세계적 기업인 컬럼비아레코드사의 경성지점 문예부장이었다.

컬럼비아레코드사는 당시 빅터, 폴리돌, 시에론, 오케, 태평 등 조선에 있던 6개 레코드사 중 가장 큰 회사였다. 영국인 지점장과 일본인 부지점장이 있었지만, 문예부장인 안익조에게 회사의 사활이 걸려 있었다. 안익조가 맡은 문예부는 컬럼비아레코드사의 조선 영업의 중추였다. 유성기 음반사의 문예부는 예술가를 선별하여, 그들을 데리고 도쿄나 오사카로 가 음반을 제작해 흥행하는 역할을 했다. 당시 문예부장 안익조의 활동상을 살펴보자.

3 공산당 부역자와 '애국가' 작곡가

그의 첫 사업으로 소리와 연극을 몇 판 넣어놓았으나 그것은 팔릴지 안 팔릴지 아직은 모르는 것이고 다른 회사의 전례가 없는 (?) 방식이 발표되었으니 왈 첫째는 전 조선에 열 군데에 나누어서 시험 장소를 배설하고 숨은 예술가를 구하여 시험을 보인다는 것이다. 1, 2, 3등을 뽑아서 그중 노래 잘하는 사람을 1등으로 정하고 그 1등을 한 사람은 그 회사에 전속으로 두는 것은 물론 일본 쇼치쿠(松竹)키네마에 입사를 시킨다는 특권의 특권을 내걸고 분주히 그 준비에 분망하고…….[9]

안익조는 조선에 처음으로 스타 발굴 오디션 프로그램을 도입했다. 열 군데 지방에서 예선을 거쳐 음반 취입을 할 수 있는 수준의 숨은 예술가를 선발하여, 그중에서 1등을 컬럼비아레코드사 전속 겸 쇼치쿠키네마에 입사시키는 행사를 마련한 것이다. 요즘 대형 기획사가 오디션 프로그램을 통해 가수를 선발해 포상하고 매니지먼트를 하는 방식의 원조인 셈이다. 아쉽게도 그가 실험한 이 시스템이 성공했는지, 또 어떤 스타를 발굴했는지는 아직까지 확인하지 못했다.

당시 그의 또 다른 중요한 기획으로 순회공연이 있었다. 여운형이 사장으로 있던 조선중앙일보사의 후원으로 컬럼비아레코드사의 음악단이 조선 각지를 돌며 순회공연을 했다. 1934년 10월 5일자 《조선중앙일보》 기사는 안익조 인솔 아래 20여 명의 단

안익조와 안익태

컬럼비아레코드사의 순회공연단 모습 《조선중앙일보》 1934년 10월 5일자.

원이 제1코스인 북조선 순회공연을 성공리에 마치고 귀경했다
고 전했다.[10] 이후 수재민을 위로하는 공연 기사 등도 확인된다.
이런 활동들을 기반으로 순회공연단은 식민지 말기에 '컬럼비아
악극단'으로 이어지게 된다.

컬럼비아레코드사 문예부장으로 활동하던 안익조는 1937년
4월경 돌연 단둥(丹東)에 있는 만주국군 안동지구 경비사령부
소속의 군의(軍醫) 소교(소령)로 임관하여 1939년 11월까지 2년
여 동안 복무했다. 군의관 퇴직 후 안익조의 근황에 대해《삼천
리》는 "안익조 씨의 전향(轉向)"이라는 제목으로 "전(前) 만주국

　　　　　　　　　3 공산당 부역자와 '애국가' 작곡가

군의 소좌(少佐) 안익조 씨가 컬럼비아악극단을 경영하기로 되어서 듣는 사람마다 이 180도의 전향에 눈을 크게 뜨게 된다"[11]고 전했다. 안익조의 입장에서는 '전향'이 아니라 본업인 연예계로의 복귀였다.

안익조는 컬럼비아악극단 설립에 관여한 후에 곧이어 1941년 "일반 연예에 대하여 기업적으로 도와가는" 회사로서 조선연예기업사를 설립한다. 이 회사에서는 가요와 무용, 연극을 공연하는 신흥악극단을 창단했다. 이 악극단은 약초가극단으로 이름을 바꾸고 평양, 함흥, 청진, 진주, 대전 등지에 있는 도호(東寶)영화사 계열 극장에서 주로 공연했다. 그런데 어떤 이유에서인지 1943년 안익조는 조선연예기업사를 그만두고 경성에 '후생의원'을 개업했다가 해방을 맞았다.[12]

애국과 부역 사이, 안익태 혹은 에키타이 안

이제 최근 친일 논란이 불거진 동생 안익태의 삶의 행로를 살펴보자. 안익태는 1906년 12월 5일 평양에서 태어났다. 평양보통학교와 숭실중학교를 거쳐 일본으로 건너가 사립 세이소쿠(正則)중학교를 졸업하고 1926년 4월 도쿄 구니다치(國立)고등음악학원에 입학해 1930년 3월에 졸업했다. 전공은 첼로였다. 그해 9

월 미국으로 건너가 신시내티음악원, 필라델피아 커티스음악원 등을 거쳐 1937년 6월 템플대학교 음악대학원을 졸업했다. 이후 아일랜드로 건너가 1938년 2월 더블린 방송교향악단 객원지휘자로 유럽 활동을 시작했다.

그의 회고와 공식적인 전기에 따르면, 안익태는 미국에서 〈애국가〉를 작곡했으며, 조선의 독립을 위해 자신의 음악적 재능을 바치겠노라 결심하고서 아일랜드로 건너가 유럽 무대에서 활동했다. 하지만 최근 여러 연구에 의해 1940년을 전후한 유럽 활동 시기에 안익태의 숨겨진 면모가 하나둘씩 밝혀졌다.[13] 당시 유럽에서 그의 활동 대부분은 히틀러의 독일 제국과 일본 제국의 우호와 협력을 증진하는 음악 프로그램들이었다.

이 시기 안익태의 대표작은 일왕 즉위식 때 연주되던 음악을 바탕으로 작곡한 〈에텐라쿠(越天樂)〉와 〈만주국 축전곡〉 등이었다. 이와 더불어 '황국 기원 2,600년 기념' 위촉곡인 유럽 작곡가의 일본 예찬 작품을 레퍼토리로 삼아 활동했다. 일본과 독일의 친선을 위해 설립된 '일독회(日獨會)'와 독일 주재 만주국 참사관 에하라 고이치(江原耕一)가 그의 후원자였다. 안익태 자신도 나치와 일본 인사들에게 협력하고 연주회를 적극 제안하며 자신을 지휘자로 쓰도록 청탁했다.

1942년 베를린 필하모니 연주홀에서 열린 안익태의 '만주국 건국 10주년 축하 연주회' 지휘 영상이 2006년 3월에 공개되면

3 공산당 부역자와 '애국가' 작곡가

서 그의 친일 행위가 알려졌다. 연주홀 정면에 걸린 대형 일장기를 배경으로 〈에텐라쿠〉, 〈만주국 축전곡〉을 지휘하는 안익태의 모습이 담긴 영상을 본 많은 사람이 충격을 받았다. 〈애국가〉 작사가로 알려진 윤치호의 친일 행적에 이어 작곡자 안익태의 친일 행적까지 드러나면서, 〈애국가〉 교체론이 거세게 일기도 했다.

안익태의 친일·친나치 활동의 사실관계를 밝혀 비판하는 작업은 필요하고 더 진행해야 한다. 이와 동시에 그가 그러한 선택을 했던 여러 환경에 대해서도 곱씹어봐야 한다. 서양 음악의 불모지인 식민지 출신의 재능 있는 음악가가 일본과 미국을 거쳐 유럽에 진출하는 행로는 '보편'을 향한 욕망 실현의 과정이었다. 안익태가 서구 고전 음악의 심장 독일에서 식민지 조선인으로서 음악적 성공을 향한 기회를 잡기란 어려운 일이었다.

자신의 음악적 재능을 조선을 위해 쓰겠다는 안익태의 결심은 1941년 12월을 전후한 무렵 본격적으로 음악적 성공에 대한 욕망으로 바뀐 것으로 보인다. 이후 그는 에키타이 안(あんえきたい, Ekitai Ahn)이라는 일본식 이름과 함께 자신의 정체성을 일본인으로 내세우며 독일과 일본 유력자들의 모임인 '일독회'를 발판 삼아 베를린, 빈, 하노버, 로마 등 유럽 각지의 연주회에서 지휘자로 활약하며 전성기를 구가한다. 한국 사회에 충격을 준 것은 〈애국가〉를 만든 조선 청년 안익태와 음악적 성공을 위해 매진한 일본인 '에키타이 안'의 괴리다.

안익태의 베를린 필하모니 지휘 모습(1942년 2월 10일) 국립중앙박물관 소장.

우리는 이 괴리를 어떻게 이해해야 할까? 안익태의 친일 행위
는 비판받아 마땅하지만, 〈애국가〉를 만들 때의 진정성은 그것
대로 인정해야 한다. 식민지인으로 일본에 유학하면서, 다시 동
양인에 대한 차별이 만연한 미국에서 공부하면서 청년 안익태가
느꼈을 민족적 울분과 각성은 〈코리아 환상곡〉을 낳았다. 〈애국
가〉 선율을 만들 때의 고양된 민족애와 아일랜드로 건너가면서
음악으로 조선에 기여하겠다고 했던 그의 결심은 아마도 진심이
었을 것이다.

〈애국가〉는 안익태의 것만이 아니다. 노래는 부르는 사람들의

　　　　　　　　3 공산당 부역자와 '애국가' 작곡가

것이기도 하다. 다양한 상황 속에서 무수한 사람이 불러온 공동체의 노래 〈애국가〉는 그 작곡자인 안익태의 친일 여부와는 상관없는 일종의 공공재다. 그런 뜻에서 그의 유족도 〈애국가〉 저작권을 포기했을 것이다. 여기서 우리가 근원적으로 다시 생각해볼 것은 〈애국가〉 교체론이 아니라, 한국 현대사에서 〈애국가〉로 표상되는 국민국가 이데올로기가 지닌 폭력성일지도 모르겠다.

영화 〈국제시장〉에서는 주인공 부부가 베트남 파병 지원을 두고 다투다가 국기 하강식 시간에 맞춰 울려나오는 〈애국가〉 소리에 태극기를 향해 가슴 위에 손을 얹는 장면이 나온다. 이 장면은 한국 사회의 일상에서 작동한 애국(가) 이데올로기의 위력을 잘 보여준다. 한국 현대사에서 〈애국가〉가 표상하는 국가(국민)로부터의 배제는 죽음으로 이어지기도 했다. 안익조는 동생 안익태가 작곡한 〈애국가〉가 표상하는 대한민국에서 축출된 '비국민'으로 죽었던 셈이다.

애국자와 반역자가 함께 묻힐 곳

안익조의 어머니와 다른 동생들은 모두 한국전쟁 전부터 서울에서 살고 있었다. 하지만 전쟁 통에 반역자로 처형되었기에 그의 가족들이 안익조 부부의 시신을 수습하기는 쉽지 않았을 것이다. 묻힌 곳조차 모르는 안익조의 최후에 비해 안익태의 말년은 영예로웠다. 그는 제2차 세계대전이 끝난 뒤 에스파냐 여성과 결혼해 에스파냐 국적을 얻어 그곳에 정착했지만, 이승만 정부의 초대로 귀국해 1957년 대한민국 최초의 문화훈장을 받았고, 1960년대에는 서울국제음악제의 주역으로 활약했다. 1965년 9월 세상을 뜬 안익태는 에스파냐 마요르카에 묻혔다가 1977년 7월 8일 서울 국립묘지로 이장되었다.

대한민국의 반역자 안익조와 대한민국 최초로 문화훈장을 받은 애국자 안익태는 국가의 공적 기억의 영역에서는 결코 함께할 수 없는 존재들이다. 그들은 국민국가 대한민국의 안과 밖에 위치하고 있으며, 안익태가 작곡한 〈애국가〉는 그 경계를 배타적으로 구분했다. 앞서 언급한 당시 계엄군 법무부장 김종만 소령은 23명이 처형될 때, 그중 누군가가 "대한민국 만세"를 외치고 죽었다고 전했다. 자신을 밀어낸 '대한민국'을 붙잡으려는 안간힘이었을까? 안익조 등에 대한 총살을 집행했을 때 부디 〈애국가〉를 틀지는 않았기를 바랄 뿐이다.

대한민국의 공적 기억의 영역에서 함께 놓일 수 없는 형제는 얼마 전 기억의 활자 공간에 함께 묻히게 되었다. 가나다순으로 편집된 《친일인명사전》에 안익조·안익태 형제가 나란히 실린 것이다. 이 명단에 오르면서 안익조는 '친북(부역)'에 '친일'이 더해져서 '민족 반역자'이자 '국가 반역자'라는 이중의 멍에를 쓰

3 공산당 부역자와 '애국가' 작곡가

게 되었다. 그렇다면 안익조는 용서받지 못할 '친일'과 '친북' 반역자일까?

안익조·안익태 형제의 삶과 죽음은 '친일'과 '친북', '애국'과 '부역'에 대해 많은 생각을 불러일으킨다. 한국 사회에서 '친일'과 '친북'의 문제는 진보/보수라는 진영 갈등으로 전이된 측면이 있다. '반민특위'의 해체로 상징되는 좌절된 '친일' 청산 문제는 이승만·박정희 등 보수 세력의 구심점을 공격하기 위해 진보진영이 중요 국면마다 재점화하는 이슈가 되었다. 진보 진영에 친일 세력의 후신으로 지목된 보수적 정치 세력은 기회 있을 때마다 자신들의 반대 세력을 향해 냉전 시기에 횡행하던 '친북(종북)'이란 낙인을 찍으려고 시도한다.

1948년 남북한의 단독정부 수립은 그 중간에 존재한 민족국가에 대한 다양한 정치적 상상과 사상의 스펙트럼을 협소화했다. 한국전쟁은 이 스펙트럼 자체를 제거했으며, 대한민국과 조선민주주의인민공화국 사이에서 목숨을 건 선택만 남게 되었다. '친일'과 '친북'은 각각 민족과 국가라는 동일자를 내세우며 여기에 포함되지 못한 타자를 축출했다. 이 강퍅한 배제의 논리는 전쟁과 냉전 시대에 남북한에서 신체적·정치적 폭력으로 이어졌다.

'친일'과 '친북'은 누군가의 육체적·정치적 생명을 빼앗는 주술로 작동한다. 안익조의 친일과 친북 문제를 다시 한번 곱씹어

보자. 《친일인명사전》에는 그의 친일 행위가 구체적으로 적혀 있지 않다. 다만 그가 만주국군 소교였다는 것이 등재의 유일한 근거다. 2년이라는 짧은 기간이지만, 만주국군에 근무한 것은 분명 잘못이다. 하지만 안익조의 그 시절을 사업에 낭패한 자가 택한 월급쟁이 의사의 생활로 본다면 지나치게 온정적일까?

식민지 시기의 안익조는 컬럼비아레코드사 문예부장에서 만주국군 군의로, 군의에서 다시 컬럼비아악극단과 조선연예기업사 대표로, 연예기업사 대표에서 후생의원 개업의로 여러 차례 생업을 바꾸었다. 이 경력을 반추해보면, 그의 본업은 연예 기획사였고, 그 사업이 곤경에 처했을 때 원래 전공인 의사의 자리로 돌아가는 패턴을 확인할 수 있다. 안익조는 자신의 군의관 취직을 부역이 아니라 생계를 해결하기 위한 임시 방편으로 생각했을지도 모르겠다.

안익조의 부역 혐의에 대해서도 생각해볼 여지가 있다. 안익조는 한국전쟁 직전에 "각 지방에서 여러 가지 피해를 입었다는 호소 등 일반 여론도 참작하여 충무사(忠武士, 정보원)란 직체(職體)가 있었는데 이를 해체하는 동시 신분증을 회수하고 있으니 금후 충무사라는 직어(職御)로 비행(非行)을 하는 자가 있다면 헌병대로 연락"[14]해달라는 담화를 발표한다. 비판적 견해를 가진 사람을 공산당(남로당)으로 낙인찍는 자들에 대해 엄단하겠다고 경고하고, 가짜 헌병과 '정보원'들의 횡포를 금지하고자

3 공산당 부역자와 '애국가' 작곡가

했던 안익조의 양식 있는 조처는 '빨간색 안경'을 끼고 세상을 보는 이에겐 '친북'의 전형처럼 보이지 않았을까?

안익조·안익태 형제의 생애는 우리에게 여러 질문을 던진다. 어쩌면 우리 사회는 '친일'과 '친북'의 낙인찍기를 통해 복잡한 인간의 삶과 사상의 다양한 스펙트럼을 단순화하고 폭력적으로 단죄하는 사고에 익숙해져버린 게 아닐까? 남과 북 어느 곳에도 귀속되지 못한 채 떠돌고 있는 안익조의 안식처는 어디여야 하는가? 안익태의 국립묘지 안장은 과연 그의 생애에 합당한 것인가? '친일'과 '친북'의 배타적 구별 짓기를 넘어서 그들을 합당하게 평가하고, 안식을 줄 수 있는 새로운 기준과 자리를 고민해야 하지 않을까?

'서유견문'의 후예들

유만겸과 유억겸

창씨개명과 가문 의식

《경성일보》1940년 8월 26일자에서 충청북도지사 유만겸(兪萬兼, 1889~1944)은 "나는 현재 그대로 창씨했지만 유(兪)는 일본식 씨"[1]라고 주장했다. 창씨를 피했다는 비난에 대한 변명이었다. 해방 이후 유만겸을 다룬 한 글에서는 "현직 도지사로서 당당하게 창씨를 거부하였으니 수성(守姓)으로 마지막 민족적 양심을 지켰던 것"이라고 평가하면서 "이 사건으로 1940년 면직되어 관리 생활을 청산"[2]했다고 설명한다. 과연 '유(兪)'씨 성을 고수한 것이 민족적 양심을 지킨 일일까?

조선총독부는 1940년 2월 11일부터 6개월 동안 창씨개명 신고를 하게 했다. 이 기간에 신고하지 않으면 호주(戶主)의 성(姓)

을 그대로 일본식 씨(氏)로 인정했다. 기사의 문맥에 따르면, 유만겸은 아예 '유'를 새로운 창씨명으로 적어 제출한 듯하다. 즉, 글자는 그대로지만, 그 '유'는 법률상 이전 성과는 다른 일본식 씨인 셈이다. 기사가 나고 한 달 후에 충청북도지사를 그만둔 것은 사실이지만, 창씨 거부 때문인지는 명확하지 않다. 그는 충청북도지사를 그만둔 후 조선총독의 자문기관인 중추원의 참의가 되었고 죽을 때까지 조선총독부 통치에 협력했다.

같은 시기에 식민지 민족의 현실에 괴로워했던 청년 시인 윤동주는 일본식으로 창씨를 했다. 알다시피 윤동주는 일본 유학에 필요한 도항증을 받기 위해 연희전문학교 학적부의 이름을 창씨명 히라누마 도주(平沼東柱)로 바꾼 뒤 〈참회록〉을 남겼다.[3] 이처럼 일반 민중은 현실적 불이익 때문에 어쩔 수 없이 일본식으로 창씨개명한 경우가 많았다. 친일파이면서 기존 성을 고수하고, 반일적이면서 창씨한 경우 또한 적지 않았다. 따라서 창씨개명의 여부만으로 친일/반일을 가르는 건 재고할 필요가 있다.

일본은 성으로 대표되는 조선인들의 가문(혈족) 의식을 해체하고 창씨개명을 통해 일본식 '이에(家)'에 편입시킴으로써, 식민지 조선을 천황과 직접 연결되는 가족국가로 재구축하고자 했다. 하지만 조선인들의 창씨개명 방식은 이런 정책적 의도를 무색케 했다. 조선의 많은 혈족 집단과 가문이 문중 회의를 통해 성씨가 발원한 본관을 새로운 창씨명으로 제출하면서 혈연공동체의식을 유지했기 때문이다. 가령 뒤에서 다루게 될 작가 임순득의 경우 집안의 창씨명은 본관인 풍천(豊川), 즉 도요카와였다.

유만겸은 본관을 활용한 창씨마저도 하지 않고 '유'라는 성을 고수했다. 창씨를 거부해서 충청북도지사직에서 해임된 것이 사실이라면, 이후 그가 받은 '훈3등 서보장'과 중추원 참의 및 조선임전보국단 평의원, 국민총력조선연맹 평의원 등 그가 맡았던 직함들은 무엇일까? 이 직함들은 유만겸의 성씨 고수가 민족의식의 발로와는 그다지 관련없다는 점을 일러준다. 그에게 도지사직보다 소중했던 건 민족이 아니라 '유'씨 가문 그 자체였다고 보는 게 합당하다.

유만겸은 조선조 말기까지 수많은 고관을 배출한 지체 높은 기계(杞溪) 유씨 가문의 일원이었다. 그는 연암 박지원과 쌍벽을 이루는 문장가로 평판이 높았던 저암(著庵) 유한준(俞漢雋)의 6세손이었다. 가문이 그의 자부심의 배경이었지만, 더욱 직접적인 원천은 아버지 유길준(俞吉濬, 1856~1914)이었다. 조선 최초의 일본 및 미국 유학생이었던 유길준은 서양 문명을 소개하며 조선의 근대화 구상을 정리한 《서유견문》의 저자이자 갑오개혁의 핵심 주체였다. 이제부터 유길준의 두 아들 유만겸·유억겸 형제의 삶을 통해 전통사회의 유력 가문이 근대의 격랑을 헤쳐간 궤적을 따라가보자.

유만겸과 유억겸

구당 유길준과 《서유견문》 초고   유길준은 1883년 보빙사의 일원으로 미국과 유럽 각지를 유람하고 1년간 미국에서 유학하며 경험한 다양한 견문을 바탕으로 《서유견문》을 집필했다. 고려대학교박물관 소장.

구한말 개화 논리의 한 종착지, 총독부 관료의 길

유만겸은 구당 유길준의 장남으로 1889년 7월 13일에 서울에서 태어났다. 유길준은 미국 유학 중에 갑신정변(1884년 12월)이 실패했다는 소식을 듣자, 가족의 안위가 걱정되어 학업을 중단하고 1885년 12월에 귀국했다. 정변에 직접 연루되진 않았지만 원래 개화파의 일원인 데다가 일본 경유 중에 정변을 주도했던 김옥균을 만난 것이 문제가 되어 죽음의 위기에 몰린다. 당시 보수파 정권의 일원이었던 사종숙(四從叔, 11촌 당숙) 유진학 등 그의 역량을 아까워한 이들에 의해 구명되지만 이후 7년 동안 도성 내에서 가족과 떨어져 유폐 생활을 한다.

유만겸이 태어난 때는 바로 유길준이 민영익의 별장인 백록동 취운정에서 연금 생활을 하던 시기였다. 유폐 중에 부인이 아들을 낳은 것으로 보아 외부와의 차단이 엄격하진 않았던 것 같다. 유만겸이 네 살 되던 해인 1892년에 유길준은 7년간의 가택 연금에서 풀려났다. 1894년부터 유길준이 주도적 역할을 한 갑오개혁이 시작되었지만, 1896년 2월 고종의 아관파천으로 친일 내각이 무너지고 친러 내각이 수립되었다. 그 결과 총리대신 김홍집과 탁지부대신 어윤중이 살해되고, 내무대신 유길준은 일본으로 망명했다.

망명한 국사범(國事犯) 아버지를 둔 여덟 살 소년의 삶은 얼마나 위태했겠는가. 하나 과묵한 소년은 꿋꿋이 학업에 열중한 듯하다. 소년은 상동청년학원에서 주시경이 가르친 '국문 문법' 강의 자료를 열심히 필사하며 공부했다. 그 노트는 훗날 우연히 발견되어 주시경의 초기 '국문 문법' 인식을 밝히는 귀중한 자료가 되었다. 흥화학교 영어과에 다닐 때는 우등생으로 뽑혀 다섯 권짜리 《뉴 내셔널 리더(New National Reader)》(1884)를 상품으로 탔을 만큼 신학문과 영어 공부에 열심이었다.[4]

유길준이 사면으로 오랜 망명 생활을 접고 귀국한 지 두 해 뒤인 1909년, 이번에는 아들 유만겸이 아버지가 건넌 바다를 되짚

유만겸과 유억겸

어가 일본 오카야마(岡山) 제6고등학교에 입학했다. 스무 살의 청년 유만겸 역시 당시 대한제국의 어두운 현실에 대해 깊이 고민했다. 독립과 자강을 목적으로 재일본 한국 유학생들이 조직한 '대한흥학회(大韓興學會)'의 회원 명부에 남아 있는 그의 이름이 그 흔적이다.[5] 명부에 박힌 유만겸이라는 이름 몇 자리 건너에는 김사국의 이름도 보인다. 정반대의 삶을 살아갈 두 청년이 잠시 함께했던 순간이다.

1913년 고등학교를 졸업한 유만겸은 도쿄제국대학 법학부 경제학과에 진학했다. 1917년 3월 대학을 졸업한 뒤에도 같은 학교 대학원에서 1년 더 연구 생활을 하다가 1918년 4월 귀국했다. 대학을 졸업하며 유만겸은《학지광》에 〈9년 성상(九年星霜)〉을 기고했다. 그는 일본이 청·러시아와의 전쟁에서 승리할 수 있었던 이유가 서구화(개화)의 성공에 있다고 단언했다. 이어서 그는 조선이 "폐정의 해(害)"로 망했지만, 조선인 자체는 "우승(優勝)한 인민"이고 "인종개량학상 이상적 인종"이어서 "자조(自助)"한다면 진보할 수 있다고 주장했다.[6]

진화론과 자조론에 기초하여 서구화를 선(善)으로 인식하는 그의 세계 인식은 유길준의 세계관을 빼닮았다. 특히 유만겸은 당대 조선에 시급한 "식산흥업을 통한 부력 증진"을 지도할 청년 지식인들의 책임을 강조했다. 그에게 '식산흥업'은 산업 진흥을 주창한 아버지 유길준의 유지를 잇는 것이었다. 아버지의 유지를 따라 조선의 문명화를 이루기 위한 그의 결론은 무엇이었을까? 그는 서구화에 성공한 일본적 근대를 조선이 따라야 할 전범으로 받아들였다.

일본 근대화의 성공을 증명하는 각종 통계의 숫자들도 그의 눈을 멀게 했다. 《학지광》에 실렸던 〈지나철도론(부附만주총람)〉[7]은 중국 철도 현황, 만주의 인구와 산업 등에 관한 통계로 이루어진 논문이다. 유만겸은 대학원 경제통계연구실에서 일본과 중국(만주) 그리고 조선의 현실을 숫자로 표현한 통계 자료를 주로 다루었다. 그는 일본의 풍요로움과 조선의 빈곤이 극명하게 대조되는 통계의 숲에서 길을 잃고 '독립' 대신 식민지의 개선 쪽을 선택했다.

1918년 귀국한 그는 조선총독부 고등관으로 사회 경력을 시작했다. 〈9년 성상〉의 논리에 따르자면 '우승한 인민'을 가지고도 나라를 망하게 한 조선 왕조의 '폐정을 혁신'하여 조선의 진보를 추구하는 청년의 책임을 수행하는 길이었다. 1918년 4월부터 조선총독부 '속'으로 농무과에서 근무를 시작하여 1920년 문경군수를 비롯해 여러 지방청과 조선총독부 본부의 이사관, 사무관, 참여관 등을 두루 거친 후 1939년 충청북도지사가 되었다. 조선총독부 관료 시절 그에 대한 평판은 어떠했을까?

한 잡지의 도지사 인물평에 따르면, 선각자 유길준의 아들이며 강원도지사를 지낸 유성준(俞星濬)의 조카로 명문 양반가의

유만겸과 유억겸

후예이자 도쿄제국대학 학사 출신임에도 유만겸은 "순후(淳厚), 겸양(謙讓), 고결(高潔), 침정(沈靜)"한 성품을 지녔다. 그의 배경에 비해 도지사 승진이 늦었던 까닭도 청탁을 싫어하는 그의 "지미(地味)한 성격"에서 찾았다. '지미(地味)하다'는 일본어로 '수수하다, 검소하다'는 뜻이다. 글쓴이는 조선인 도지사 유만겸이 "민중이 미혹하는 일을 거듭하지 않을 것"이라고 평가했다.[8]

유만겸은 사교와는 거리가 먼 내성적인 인물이었던 것 같다. 그렇지만 그가 세속의 공명에 아예 관심이 없었다거나 청탁을 싫어했다는 평가는 미화된 것처럼 보인다. 2021년 간행된《모리야 에이후(守屋榮夫) 관계문서》는 식민지 정계 막후에서 일어난 여러 흑막을 알려준다. 조선총독부 비서관 모리야는 내무성 관료 50여 명을 조선총독부 요직에 인선하는 작업을 주도한 인물로, 사이토 마코토 조선총독과 미즈노 렌타로(水野鍊太郎) 정무총감의 이른바 '문고리 권력'이었다.

모리야 에이후 문서 중에는 1930년 2월 13일 유만겸이 보낸 편지가 있다. 유만겸은 모리야의 중의원 출마를 응원하며, 그의 정견 발표가 "동양의 현상을 밝히고 가장 적합한 의견"이라고 추켜세운다. 자신도 "그것을 숙독하며 감격의 마음을 금할 수 없었다"라면서, 모리야가 미즈노 렌타로를 이사장으로 추대하며 설립한 대일본소화연맹(大日本昭和連盟)의 취지에도 공감을 표했다. 무엇보다 이 편지의 가장 큰 목적은 향후 청탁을 위한 보험인

4 '서유견문'의 후예들

유만겸(오른쪽)의 경학원 부제학 임명을 알리는 기사 〈한학에 깊은 조예―신임 부제학(副提學) 유만겸, 공성학 양씨〉,《매일신보》1943년 5월 1일자.

정치자금을 보내는 것이었다.[9]

1944년에 죽을 때까지 유만겸이 맡은 여러 경력 중에서 조선 유도연합회(朝鮮儒道聯合會) 부회장과 성균관을 개편한 경학원 부제학은 눈여겨볼만한 직책이다. 유만겸은 비록 조선총독부의 관변단체일망정 유림 단체의 수장으로서 자신의 존재를 드러내 고자 했다. 유만겸에게 조선(인)의 '식산흥업'에 기여하는 조선 총독부 관료의 삶이 아버지의 개화 이념을 실현하는 길이었다 면, 경학원 부제학이라는 직함은 가문과 아버지의 한학 전통을 계승한다는 의미였을 것이다.

비타협적 민족주의에서 친일 협력의 길로

유억겸(兪億兼, 1896~1947)은 유길준이 일본으로 망명한 지 8개월여가 지난 1896년 10월 23일에 태어났다. 형 유만겸과는 일곱 살 터울이다. 한문을 사숙하다 1907년 한성 사립 계산학교에 입학하여 1911년에 졸업했다. 황성기독교청년회학관 중등과에서 잠시 배우다가 1912년 교토(京都)의 도시샤(同志社)중학교 보통부에 입학하여 1916년에 졸업했다. 이어서 교토 제3고등학교에서 수학하고 1919년 7월에 도쿄제국대학 법학부에 입학하여 1922년 3월에 졸업했다. 이후 1년여간 도쿄제국대학 대학원에서 법학을 연구했다.

1923년 3월 귀국한 그는 변호사 등록을 하고, 4월 중앙고등보통학교 교사 생활을 시작했다. 중앙고등보통학교에 근무한 지 4개월 만에 연희전문학교 교수에 임용되었으며, 이후 부학감을 거쳐 학감 및 부교장 등 주요 직책을 두루 맡았다. 1938년에 흥업구락부(興業俱樂部) 사건[10]으로 구속되면서 강제로 사직서를 제출하고 학교를 떠나 있던 시기도 있었지만, 해방 이후 다시 교장직을 맡는 등 사회 경력의 대부분을 연희전문학교(해방 후에는 '연희대학교'로 학교명 개칭)에서 교수와 행정가로 보낸 교육자였다.

그렇지만 그의 활동 영역이 교육계에만 한정된 것은 아니었다. 유억겸은 형 유만겸에 비해 "사교적인 호화면(豪華面)도 있"[11]던 활동적 인물이었다. 순종의 황후 윤씨의 여동생과 결혼한 그는 조선 왕조 마지막 임금을 손윗동서로 둔 명문 양반 귀족 가문의 후예라는 화려한 배경에 더해 도쿄제국대학 법학사라는 돋보이는 학력을 지니고 있었다. 그 배경을 터전 삼아 식민지 조선의 수많은 명사와 교유하며 활발한 활동을 펼쳤다.

유억겸은 경성 기독교청년회(YMCA) 등 기독교 단체 네트워크를 중심으로 활동했다. 그는 식민지 시기 내내 윤치호의 최측근이었으며, 이상재와도 밀접한 관계를 유지했다. 1920년대에는 일제와 타협하려는 《동아일보》가 중심이 된 자치운동에 반대했고, 안재홍·홍명희 등과 함께 조선사정연구회(朝鮮事情研究會)를 조직했다. 1927년 1월에는 신간회 발기인으로도 참여했다. 대체적으로 비타협적 민족주의자 그룹과 발맞춘 유억겸의 정치적 활동의 근간에는 무엇보다도 '흥업구락부'가 자리하고 있었다.

흥업구락부는 1925년에 결성된 독립운동 단체이다. 구성원은 이상재, 윤치호, 신흥우, 유성준 등 기호 지방의 기독교 세력이 주축이었고, 유억겸도 중심인물 중 하나였다. 이들은 대부분 이승만과 관련된 인사들이었다. 그래서 흥업구락부는 이승만이 하와이에서 결성한 독립운동 단체 '동지회(同志會)'의 국내 조직처

유만겸과 유억겸

럼 인식되었다. 당시 일본 경찰 당국의 표현을 빌리면, 이승만과 홍업구락부는 "숙명적 우정 관계"[12]였다. 이 관계는 구한말 독립협회 활동과 감옥 생활에서 시작되었다.

윤치호와 이상재 그리고 이승만은 독립협회와 만민공동회 활동을 함께한 정치적 동지였다. 신흥우는 배재학당 동문이며 형의 친구인 이승만을 의형으로 따랐다. 유성준은 형 유길준이 일본에서 육군사관학교 장교 유학생 결사인 '혁명일심회'와 쿠데타를 모의한 사건에 연루되어 투옥되었는데, 이승만과 같은 감방에 있었다. 그는 이때 이승만의 감화로 기독교도가 되었다. 이후 유성준은 YMCA 교육부 위원으로 일하면서 조카 유억겸이 이승만 추종 세력이 되는 데에도 큰 영향을 끼쳤다.

이처럼 이승만의 국내 인맥은 생사의 고비를 같이한 동지들로, 정치적으로는 친미 개화파, 종교적으로는 기독교도, 지역적으로는 기호 지방의 양반 출신 명망가들이었다. 이상재와 윤치호는 신사유람단 수행원 때부터 유길준과 함께 일한 사이였다. 중립외교와 서구화(미국화)를 통해 독립과 문명화를 주창한 이승만의《독립정신》(1904)은 그 사상과 서술 구조 면에서 유길준의《서유견문》과 흡사했다. 유억겸이 이승만이 정점에 있는 기호파의 중심인물이 된 것은 당연해 보인다.

1925년 11월 유억겸은 신흥우, 송진우 등과 함께 세계기독교 단체가 주축이 된 태평양문제연구회 조선지회를 조직하고 위원

제2회 태평양회의 조선 대표 3인(위)과 하와이 동포 환영회 모습(아래)

하와이 호놀룰루에서 열린 태평양회의에 참석한 조선 대표 3인은 왼쪽부터 유억겸, 김활란, 백관수다. 환영회 단체 사진에서 맨 앞줄 가운데 二자 표시가 된 모자를 쓴 이가 이승만, 그 왼쪽 옆 三자 표시가 된 이가 유억겸이다.
《동아일보》1927년 8월 22일자(석간).

을 맡았다. 유억겸은 이 단체가 개최한 태평양회의의 제1회부터 3회까지 모두 참석한 유일한 조선 대표였다.[13] 1938년 흥업구락부 사건의 경찰 발표에 따르면, 유억겸은 하와이에서 개최된 제1회 태평양회의에 참석했을 때, "동지회 수령 이승만에게 흥업구락부 조직의 경과를 보고"하고, 이후 국내에서 일본을 전복할 "책모를 계속"한 주모자였다.[14]

윤치호는 일기에서 유억겸이 "5일 동안이나 혐의를 부인하는 통에 심문 기간만 늘어났"[15]으나, 결국 혐의를 인정하고 당국의 요구대로 "전향성명서를 집필해 번역"[16]하고 있던 서대문경찰서의 당시 풍경을 전했다. 전향성명서는 가망 없는 조선독립을 도모하면서 이승만을 지원하기 위해 흥업구락부를 결성했던 사실을 후회하고, 앞으로 일본 천황을 위해 살면서 열심히 일하겠다는 굳은 의지를 다짐하는 내용이었다.[17] 이후 유억겸은 일제에 협력하는 길을 걷게 된다.

시국대응전선사상보국연맹의 교양부장·경성지부 제3분회장, 흥아보국단 경기도 준비위원, 임전대책협의회 준비위원, 조선임전보국단 준비위원/이사, 채권가두판매대 대원, 국민동원총진회 중앙지도위원, 조선언론보국회 명예회원. 1939년부터 해방 전까지 유억겸이 맡았던 단체의 직함들이다.[18] YMCA, 청구회, 흥업구락부, 신간회, 조선체육회 등의 임원을 도맡으며 이곳저곳을 돌아다녀 '순양함'이라 불릴 만큼 '부지런한(勤) 사람(人)'[19]이었

4 '서유견문'의 후예들

던 유억겸은 친일 활동에서도 근면했다.

유억겸에게 해방은 새로운 기회였다. 그는 김성수, 김활란, 백낙준 등과 함께 미군정청 학무국 조선인교육위원에 임명되었다. 1946년 2월에는 미군정기의 교육정책을 총괄하는 문교부장이 되었다. 유억겸은 국립서울대학교 설치안(이하 '국대안')을 주도하여 국립대학의 기틀을 마련했다. 격렬한 갈등을 불러일으킨 '국대안'은 유억겸에게는 아버지 유길준이 《서유견문》에서 열망했지만 이루지 못한 '국가 주도'의 근대 교육기관을 실현하기 위한 계획이었다. 그는 '국대안'을 남기고 1947년 11월에 죽었다.

유길준 부자와 '친미 개화'

유길준의 삶에서 문명화와 (민족)국권 수호라는 두 가지 목표는 자주 갈등을 일으켰다. 문명화를 위해 밀어붙인 개혁은 오히려 국권을 위태롭게 만들기도 했다. 이를테면 "개화는 투철하게 했는데 한국 사람으로서 가져야 할 태도를 취한 것은 없"는 "자기를 망치는 개화"[20]를 했다는 홍이섭의 평가는 주체성이 결여된 유길준의 개화론을 비판한 하나의 사례다. 반제·반봉건이 함께 요구되는 상황에서 문명화에 대한 유길준의 조급함이 제국주의에 이용된 측면이 있었다.

유만겸과 유억겸

하지만 외세 의존적인 한계는 비판하더라도, 그의 공적 모두를 펌훼해서는 안 된다. 유길준은《서유견문》을 통해 세계로 향한 문을 열었고, 갑오개혁과 을미개혁을 통해 근대화를 시도했다. 1907년 망명에서 돌아온 유길준은 교육과 식산흥업 운동에 몰두했다. 각종 학교를 운영하고 제국실업회 등을 설립했으며, 국채보상운동에도 참여했다. 결국 대한제국은 망했지만, 유길준은 일본이 하사한 작위와 합방은사금을 거절하여 망국의 신하로서 최소한의 의리를 지켰다.

아들들의 삶에 드리운 아버지 유길준의 영향은 깊고 컸다. 집안의 전언에 따르면, 유길준의 "침착하고 과묵하며 정확한 성품의 일면은 장남 유만겸이 물려받았고, 부지런하고 활동적인 것은 차남 유억겸이 나누어 물려받았다."[21] 형제가 물려받은 것이 아버지의 성격만은 아니었다. 그들은 유길준의 개화론과 엘리트 교육을 받을 수 있었던 경제적 지원, 공직과 사회활동에서 든든한 버팀목이 된 사회적 자본 등 정신적·물질적 자산을 상속받았다.

먼저, 형제는 아버지의 개화론을 계승했다. 진화론적 세계관에 토대한 유길준 개화론의 논리에서는 뒤처진 조선의 도태는 어쩌면 당연한 것이었다. 유만겸이 '식산흥업을 통한 부력증진'을 주장하며 총독부 관료가 된 것은 유길준의 개화론이 지니고 있던 약점이 극단화된 사례다. 유만겸은 유길준 개화론의 현실적 추진력을 조선총독부에서 구한 것이다. 반면 유억겸은 문명화와 국권 수호의 방안을 교육에서 찾은 유길준의 뜻을 이어 연희전문학교를 비롯한 교육계 활동에 주력했다.

다음으로 형제가 받은 것은 경제적 지원이다. 1907년 귀국한 유길준에게 고종은 노량진의 '용양봉저정(龍驤鳳翥亭)'을 하사했다. 정조가 사도세자릉을 참배하러 갈 때 묵던 이 행궁에는 지금 서울의 노량진, 흑석동, 상도동, 대방동 일대에 걸친 막대한 토지와 산림이 딸려 있었다. 유동준의 《유길준전》에서는 계몽 사업에 재산을 모두 쏟아부어 유길준 사후에 작은 한옥 한 채만 남았다고 칭송하거나 순종의 동서 유억겸이 셋방에서 신접살림을 한 사실을 적으며 이들 일가의 청빈함을 강조했다.[22]

유길준이 고종으로부터 하사받은 재화의 많은 부분을 계몽 사업에 사용한 건 사실일 것이다. 하나 공익만을 위했다는 건 다소 과장되어 보인다. 유만겸·유억겸 형제는 일본에서 각각 꼬박 10년간 유학을 했다. 그 긴 세월 동안 형제의 일본 유학 비용을 무엇으로 충당했겠는가? 1937년 한 신문 기사는 등기되어 있지 않은 유길준 명의의 대방정(大方町) 약 7,000평을 대리상속자를 내세워 편취한 사기 사건을 보도했다.[23] 사후 20여 년까지 유길준의 재산이 남아 있던 흔적이다.

마지막으로 유길준은 아들들에게 유용한 인맥을 물려주었다. 장남인 유만겸이 조선인으로서 최고위직인 도지사가 된 데에는 일본 정·관계 인사들과 폭넓게 교유한 유길준의 후광도 적지 않

유만겸과 유억겸

게 작용했다. 또한 유억겸은 유길준이 닦아놓은 개화파 네트워크를 승계함으로써 식민지 조선의 주류사회에서 입지를 굳건히 할 수 있었다. 이처럼 형제는 아버지의 개화론(이념) 및 경제적 유산, 일본과 조선의 인맥에 기초한 사회적 자산을 활용하며 성장할 수 있었다.

이 삼부자의 삶을 어떻게 이해해야 할까? 이들은 서구 근대를 전범으로 삼은 조선의 문명화를 지향했다. 그중에서도 유길준·유억겸 부자의 이상적 국가 모델은 미국이었던 듯하다. 조선독립의 가능성을 일찌감치 접은 유만겸과는 달리, 유억겸은 1938년 전향 이전까지 독립된 조선을 목표로 삼은 정치·사회적 활동을 이어갔다. 유억겸은 일본의 작위를 거절한 아버지에 대한 긍지를 가슴에 품고, 아버지와 유사한 세계관과 정치적 행보를 보였던 이승만을 좇았다.

아버지 유길준과 마찬가지로 아들 유억겸에 대해서도 그 공과에 대한 합당한 평가가 필요하다. 그의 친일 행위는 비판해야 마땅하지만, 전향 전까지 기독교와 미국식 민주주의, 민족의식을 배경으로 그가 한 활동을 모두 부정해서는 안 될 것이다. 한국 사회에서는 이승만과 기독교 그리고 미국이라는 조합을 두고 한편에서는 무조건적인 숭배가 이루어지는가 하면, 다른 한편에서는 만악의 근원으로 혐오하는 양극단의 진영 논리가 횡행하고 있다.

적어도 청년 이승만은 조선의 근대화를 위해 활동하다가 체포되어 종신형을 선고받고 5년여간 감옥 생활을 한 투사였다. 이후 비판받을만한 행적도 많지만, 한국의 근대화와 독립을 지향했던 많은 이들의 구심점 역할을 했던 것 또한 역사적 사실이다. 유길준 삼부자를 포함하여 이들 친미 개화파의 잘잘못을 합당하게 평가하고 공정하게 비판할 때, 도덕화된 양분법을 넘어서 한국 근대를 만들어온 다양한 계통의 흐름을 제대로 볼 수 있지 않을까?

5

근대 한국의 인플루언서

김성수와 김연수

• 이 글은 김연수에 대해 쓴 〈조선인 교토제국대학생, 제국의 사업가가 되다〉,《제
국대학의 조센징》, 휴머니스트, 2019와 김성수를 다룬 〈선한 영향력 측정하기〉,
《한편》 2호, 민음사, 2020년 5월의 글을 토대로 재구성한 것이다.

근대 전환기의 '셀럽' 형제

SNS에서 많은 구독자를 가진 사용자나 포털사이트의 파워 블로거를 '인플루언서(influencer)'라고 한다. 21세기 디지털 시대에나 통용되는 용어 같지만, 이전까지 없었던 새로운 매체나 제도를 만들어 그를 통해 대중과 사회에 영향력을 끼친 이전 시대의 사람들도 인플루언서로 지칭하지 못할 이유가 없다. 이런 측면에서 일본을 통해 신지식을 습득해 조선에 전파하며 영향을 끼쳤던 근대 전환기의 유학생들도 당대 인플루언서이다.

근대 한국의 어두운 시기를 밝힌 유학생들의 성좌(星座) 중에서도 김성수(金性洙, 1891~1955)와 김연수(金秊洙, 1896~1979)는 두각을 나타낸 형제 유학생으로 기억될만하다. 근대적 제도의 한두 분야에서 두각을 나타내거나, 한시적으로 영향력을 가졌던 유학생은 헤아릴 수 없을 만큼 많다. 그들과 달리 이 형제는 국민국가의 중요 영역인 정치, 경제, 언론, 교육 분야를 망라하여 기원이 되는 제도를 설립했으며, 현재까지도 그 제도들을 지속하는 데 성공한 드문 사례다.

김성수·김연수 형제는 "자기 땅만 밟고서도 전라도 전역을 다닐 수 있다"[1]는 대지주 집안에서 태어났다. 형제의 아버지 김기중(金祺中, 김성수의 양부)과 김경중(金暻中)은 구한말 전라북도 고창 지역의 유력 지주였다. 조선 왕조시대의 대유학자였던 하서(河西) 김인후(金麟厚, 1510~1560)의 후손이었던 이들은 구한말에 토지와 미곡 판매로 재산을 축적했다. 김성수·김연수 형제는 김경중의 아들로 태어났지만, 후사를 두지 못한 큰아버지 김기중이 김성수를 양자로 들이면서 둘은 형제이면서 사촌지간이 되었다.

김기중과 김경중은 격변의 구한말을 거치며 메이지(明治) 일본을 조선의 발전 모델로 삼은 개화파의 목표에 공감했다. 이들은 1894년 일본의 지지로 권력을 잡게 된 갑오개혁 정권에도 적극적으로 참여했다. 이후 애국계몽운동과 보조를 맞추며, 자식들을 당시로선 민족주의적이고 진보적인 사설 학교에서 교육한 후, 일본으로 유학을 보냈다.[2] 근대화와 민족주의는 김성수·김연수 형제가 세계 인식을 형성하는 데 두 축이 되었다.

5 근대 한국의 인플루언서

김성수·김연수 형제의 아버지 김경중과 도쿄 유학 시절의 김성수(왼쪽)와 김연수(오른쪽) 출처:《한국 근대기업의 선구자》(삼양그룹 홈페이지).

　이러한 가계와 교육을 통해 성장한 김성수·김연수 형제는 전시체제가 심화되는 1930년대 말까지 스스로가 민족주의자임을 자신 있게 주장해왔다. 이 형제의 사업은 민족주의와 근대화의 논리 속에서 설립되고 성장했다. 형제는 교육·경제·언론 분야에서 민족의 장래를 위한 중추 기관을 육성하고자 했다. 또한 '조선인 본위'의 근대적인 공업을 육성하는 것이 조선이 살길이라고 생각했다. 이들의 신념은 유학을 통한 근대 체험에서 우러난 것이었다.

김성수와 김연수

그렇지만 이들의 사업은 민족과 제국의 경계에 애매하게 걸쳐 있었다. 조선총독부는 식민지 조선을 쥐어짰지만, 일본 자본주의의 폭발적인 팽창에 따른 수요로 일제에 협조적인 식민지 자본가들에게 다양한 특혜를 주었다. 이러한 정책은 식민지를 계급적으로 분할통치하는 데에도 효과적이었다. 김성수·김연수 형제의 성공은 일본 자본주의의 급격한 팽창과 조선총독부의 식민지 분할통치라는 외부 요건에 힘입은 바 크다. 민족과 제국에 걸쳐 있는 이 형제의 삶의 공과를 살펴보자.

인촌 김성수와 '선한 영향력'이라는 물음

윤리적인 평가는 잠시 유보하고 김성수의 생애에서 중요한 경력을 간추려보자. 1914년 도쿄 와세다(早稲田)대학 정경학부를 졸업하고 귀국한 김성수는 1915년 중앙학교를 인수하여 학교장이 되었다. 그는 1919년 주식회사 경성방직 설립과 1920년 《동아일보》 창간에 주도적 역할을 했다. 1932년에는 보성전문학교를 인수하여 고려대학교로 성장시켰다. 해방 이후에는 한국민주당(이하 '한민당') 창당에 참여하고 수석총무가 되었으며, 1951년 6월부터 약 1년간 대한민국 제2대 부통령을 지냈다.

김성수의 이력에 대한 평가는 극단적으로 엇갈린다. 대한민국 건국에서의 역할에 주목하며 그를 '건국의 어머니'로 일컫는 가 하면, 다른 한편에는 친일이라는 짙은 얼룩이 남아 있다.[3] 그 는 '민족주의'와 '근대화'의 이념을 강조하며 조선의 이익을 내 세웠지만, 결과적으로는 가문의 이익을 추구했다는 비판의 목소 리 또한 높다. 공적 이익을 추구하며 영향력을 창출하는 동시에 그것을 사적 이익으로 회수하는 데도 성공한 그의 복합적인 삶 의 궤적을 들여다보자.

흔히 김성수 하면《동아일보》를 떠올릴 것이다.《동아일보》는 3·1운동의 거센 열기가 휩쓸고 지나간 1920년에 창간되었다. 조 선인 신문 창간의 공간을 열어준 것은 3·1 운동에서 보여준 식민 지 민중의 저항의 힘이었다. 민중의 저항으로 열린 정치적 공간 에서 조선시대 대유학자 하서 김인후의 후손이라는 후광과 전라 남도 고창 지주 가문의 재력을 배경으로 한 김성수의 정치력이 신문 설립 인허가라는 결실을 맺을 수 있었다.

《동아일보》는 영국의《타임스(The Times)》와《가디언(The Guardian)》, 미국의《뉴욕 타임스(The New York Times)》, 일본의 《아사히신문(朝日新聞)》 등에 이어서 세계에서 일곱 번째로 창간 100주년과 지령 3만 호 발간이라는 쉽지 않은 기록을 이뤘다. 하 지만 요즘 한국의 대중은《동아일보》를 100년의 역사를 지닌 자 랑스러운 언론이 아니라 '찌라시'와 '기레기'라는 경멸의 언어 로 조롱하는 데 더 익숙한 것 같다. 이러한 비판은 권력에 영합하

김성수와 김연수

고 기득권을 옹호하며 스스로 자초한 측면이 있다.

하지만《동아일보》의 역사에는 손기정 일장기 말소 사건, 언론 자유를 위한 '동아투위('동아자유언론수호투쟁위원회'의 약칭)', 박종철 열사 고문치사 보도 등 불의한 권력에 대한 저항과 민주화의 불씨를 지핀 숭고한 순간도 있었다.《동아일보》운영이 위기에 빠졌을 때, 가문의 재산을 쾌척한 김성수의 공로 또한 적지 않다. 하지만《동아일보》100년은 김성수와 그 일가가 아니라 3·1운동의 민중, 언론자유수호에 백지 광고로 후원한 시민 등이 함께 만든 것이다.

김성수는 중앙학교 교장을 지내는 등 교육에도 관심이 깊었다. 그는 1923년에 식민지 조선 사회에서 민립대학 설립 운동을 활발하게 추진한 조선민립대학기성회(이하 '기성회')에서도 활약했다. 일본은 식민지 조선에 실용 기술 교육만을 시행하며 고등교육기관을 허용하지 않았으므로, 기성회는 조선인 자제들을 교육할 민립대학 설립을 목표로 기금을 모금했다. 김성수는 회금(會金) 보관위원이 되어 기성회의 금고지기로 활동했다. 하지만 일본은 민립대학 설립을 불허하는 대신에 경성제국대학을 설립했다.

김성수는 1932년 경영난에 빠진 보성전문학교를 인수하여 좌절된 민립대학의 꿈을 이어가고자 했다. 그는 보성전문학교가 자신의 신념인 민족주의와 근대화를 실현할 민족의 대학이라고

　　　　　　　　5 근대 한국의 인플루언서

자부했다. 김성수의 이런 자부는 보성전문학교에 대한 당대 대중의 (무)의식에서 확인할 수 있다. 이를테면 이광수는 장편소설 《흙》에서 보성전문학교 출신의 신실한 주인공 허숭과 경성제국대학 출신의 부랑아 김갑진의 대립을 통해 보성전문학교(민족) 대 경성제국대학(반민족)의 구도를 인격화하기도 했다.

한민당 역시 근대 한국 정당의 역사에서 하나의 기원적 제도에 해당하는 사례다. 2020년 4월 15일 치러진 제21대 국회의원 선거에서 압승을 거둔 더불어민주당의 역사를 되짚어보면 김성수와 송진우가 창당한 한민당에 가닿는다. 친일과 친미, 친자본적 성향으로 비난받는 한민당이 4·19혁명으로 집권한 민주당과 이후 김대중과 김근태, 노무현과 문재인으로 상징되는 한국 '민주당' 계열의 기원에 자리한다는 것은 지금의 더불어민주당이 지우고 싶어 하는 불편한 사실이다.

《동아일보》, 경성방직, 보성전문학교, 한민당 등은 유학을 통해 근대 지식을 습득한 청년이 그 지식으로 대중에게 영향력을 획득하며 수립한 기원적인 제도들이다. 한국 사회에 기여하는 새로운 매체와 제도를 만든 그의 공적에 대한 정당한 평가와 더불어 그 영향력을 가문의 이익으로 가져간 과오를 인식해야 한다. 유학생 인플루언서 김성수가 창출한 '선한 영향력'이란 것이 존재한다면, 그것을 만들고 유지했던 힘은 무엇보다 그의 공적 활동에 공감하며 지지한 이 땅의 '팔로어(follower)'들의 참여와 관심이었다는 것을 기억해야 한다.

김연수는 민족기업가인가, 제국의 부역자인가

김성수·김연수 형제는 일본 유학을 통해 민족의 독립은 경제적
자립을 이루어야 가능하다는 신념을 갖게 되었다. 그들은 민족
을 위한 공업 육성과 민족자본 형성이 조선의 살길이라고 확신
했다. 이러한 신념에 따라 김성수는 1917년 광목제조회사인 경
성직뉴주식회사를 인수하여 운영했고, 1919년에는 경성방직을
설립했다. 1926년부터는 교토제국대학 경제학부를 졸업하고 돌
아온 동생 김연수에게 경성방직 운영을 맡겼다. 이후 경성방직
은 식민지 조선에서 굴지의 기업으로 성장했다.

형의 그늘에 가려지곤 하지만, 김연수는 식민지 시기 명실공
히 조선을 대표하는 기업가였다. 그는 경성방직, 남만방적, 삼양
사 등으로 사업체를 늘려가며 한국 최초의 거대 기업 집단, 곧
'재벌'을 일구었다. 이 '재벌'이라는 용어는 1932년 급성장하는
고창 김씨가의 사업체에 기자들이 붙인 이름이다.[4] 김연수의 '경
방'은 삼성과 현대, SK, 한화 등의 창업자들이 사업을 막 일구기
시작할 때 선망의 대상이었던 한국형 재벌의 기원이었다.

김연수는 1911년 16세의 나이로 일본 유학길에 올라 도쿄의

아자부(麻布)중학교와 교토의 제3고등학교를 거쳐 1921년 조선인 최초로 교토제국대학 경제학부를 졸업한다. 일본 유학 11년 만에 조선으로 돌아와 경성방직 제2대 사장이 된 그는 사업 측면에서 형보다 뛰어난 재능을 가졌던 것으로 보인다. 하지만 경성방직의 성공이 과연 김연수라는 개인의 사업 수완으로만 이루어진 것인지는 따져볼 필요가 있다.

경성방직은 서구의 방직업을 일찌감치 도입해 값싸고 질 좋은 옷감을 생산하고 있던 일본 방직회사와 정면으로 경쟁하기 어려운 후발 업체였다. 경성방직의 옷감은 일본 본토의 생산품에 비해 질도 낮고 가격도 비쌌다. 이때 경성방직을 도운 것이 조선물산장려운동과 이를 적극 홍보한《동아일보》였다. 품질이 조금 떨어지더라도 조선인 기업이 생산한 토산품을 쓰자는 "내 살림은 내 것으로"라는 민족주의적 호소에 힘입어 경성방직의 '태극성' 광목은 일본 업체와의 경쟁에서 살아남을 수 있었다.

그런데 이 물산장려운동은 토산품 가격의 급등을 가져왔다. 경성방직은 큰 이익을 손에 쥔 반면 서민들은 손해를 보았다. 열악한 노동조건 개선과 임금 인상을 외쳤던 '경방'의 영등포 여성 노동자들에게도 과연 경성방직이 '민족기업'이었을까? 조선물산장려운동은 간디의 스와데시(Swadeshi, 자립 경제) 운동과 관련되어 언급되지만, 적어도 간디는 영국 상품 배척으로 직접적인 이익을 누리는 기업을 소유하고 있지는 않았다.

김성수와 김연수

김연수 1921년 새로운 사업을 구
상하기 위해 만주 산업시찰단의 일
원으로 떠나던 때의 모습으로, 당시
26세였다. 출처:《한국 근대기업의
선구자》(삼양그룹 홈페이지).

**경성방직회사 '태극성' 광목 광
고 포스터** 1920년대 후반, 620×
925mm, 근현대디자인박물관 소장.

김연수는 해방 이후 '반민족행위특별조사위원회(약칭 반민특위)'에 구속되었다가 무죄로 방면된다.[5] 재판부의 방면 논리가 흥미롭다. 재판부는 김연수가 "결코 민족정신을 버리지 아니한 증좌"로 첫째, '민족자본' 경성방직을 운영하고 일본 자본과 타협하지 않았다는 점. 둘째, 많은 인재에게 장학금을 주어 민족의 동량으로 키웠다는 점. 셋째, "경방 자본의 표시인 각 주권이 무궁화의 회란에 태극기를 모사(증좌 1, 2호)하여서 간절히 민족혼을 상징한 점과 경방의 생산 광목 선전 포스터에 역시 태극기를 상표(증좌 3호)로 한 사실 등"[6]을 거론했다.

재판부가 내세운 무죄 판결의 근거들은 민족과 제국 사이에 걸쳐 있던 김연수의 삶과 경성방직이라는 기업이 지닌 애매함과 복잡함을 잘 보여준다. 최근까지도 한국 경제사 연구에서는 김연수의 경성방직이 일본의 협력과 비호 속에서 조선과 만주, 중국 본토까지 사업을 확장한 친일적 자본인가, 아니면 정상적인 기업 활동을 통해 성장한 민족기업의 성공 사례인가를 두고 논쟁 중이다.[7] 적어도 김연수 자신은 전시체제기의 사업 확장을 민족적 활동으로 이해한 듯하다.

1942년 식민 당국의 도움으로 만주에 대규모 공장을 세우는 데 성공한 김연수는 형과 자신의 후원자였던 귀족원 의원 세키야 데이자부로(關屋貞三郎)에게 편지를 보내 "조선을 위해" 계속 일하겠다는 결심을 밝힌다.[8] 그가 말한 '조선'이 일제의 대륙 진출을 위한 교두보로서의 '조선'인지, 자율적 민족 공동체인지는 여전히 애매하다. 아니, 어쩌면 김연수에게 이 둘은 같은 것이었을지도 모른다.

많은 인재에게 장학금을 주어 민족의 동량으로 키웠다는 것 또한 양면의 진실을 품고 있다. 김연수는 1939년 장학재단 양영회(養英會)를 설립하여 많은 조선인 학생과 교토제국대학에서 교수로 재직하고 있던 대학 동문인 이태규, 리승기, 박철재 등의 과학 연구를 지원했다.[9] 하지만 또 한편으로는 조선총독부 청년 훈련소에 1만 엔의 의연금을 비롯한 많은 액수의 돈을 헌납했으며, 1943년 11월에는 도쿄로 건너가 유학생들에게 학병 출진을 권유하고,[10] 신문에도 학병 지원 독려문을 기고했다.[11]

마지막으로, 재판관들은 태극 상표에서 김연수의 숨겨진 민족애를 읽고 있다. 하지만 태극성의 태극 문양과 주식증권의 무궁화 도안이 과연 일본 제국주의에 위협이 될 수 있었는지는 의문이다. 무엇보다 이 도상들이 경성방직에 더 많은 이윤을 가져다준 탁월한 '국뽕' 마케팅이었다는 사실은 눈감는다. 《동아일보》의 물산장려운동 캠페인의 지원을 받은 이 도상들은 감성적 민족 마케팅에 기댄 '팔이피플'의 상품 광고로 비난받을 측면도 있었다.

5 근대 한국의 인플루언서

형제의 성공 비결과 상속되는 '영향력'

김성수·김연수 형제의 성공은 여러 측면에서 설명될 수 있다. 먼저, 그들의 사람됨에 대한 평가를 들어보자. 이광수는 세계 대공황이 조선을 덮치자 동아일보사와 경성방직에 출자를 약속했던 사람들이 회사의 어려움을 외면하여 문을 닫게 될 처지에 빠졌을 때, "양부 김기중 옹에게 탄원하여 소유 토지 문권(文券) 전부를 식산은행에 저당하고 20여만 원의 빚을 얻어서 두 회사의 명맥을 유지했던"[12] 김성수의 신의를 칭송한 바 있다.

이광수에 따르면, 김성수는 "친절하고 겸허하고 충성된 성격"을 지녔으며, 그를 접한 이들은 "맘이 놓이고, 반갑고 믿기고 유쾌"함을 느끼게 했다. 이광수는 이러한 김성수의 "덕불고(德不孤)"의 인품이 "재산의 부보다 몇백 배 가치 있는 부"[13]라고 예찬한다. 이광수가 김성수의 후원 덕분에 두 번째 일본 유학을 할 수 있었다는 점을 감안하면 대놓고 하는 이런 칭찬이 조금은 낯 뜨겁지만, 김성수가 훌륭한 인품을 가지고 있었던 것만은 사실인 듯하다.

동생 김연수는 또 어떤가. 김연수가 교토에서 유학하던 시절, 도시샤중학교에 다니던 개성 부호의 아들 공진항은 "자기는 헐벗으면서도 조선인 유학생 두 명에게 학비를 조달"[14]하던 따뜻한 인정의 김연수를 기억한다. 경성방직에 근무하며 김씨 형제와 친교가 있었던 국어학자 이희승도 방학 때마다 학자금을 마련해서 서춘, 이순탁, 이희준 등 가난한 교토제국대학의 동료 학생들을 지원한 김연수를 회고했다.

식민지 조선에는 김씨 형제 못지않은 자산가의 후예들이 있었다. 재산가라고 모두 성공을 이룬 건 아니기에 김씨 형제의 성실하고 충성된 인품이 성공의 큰 요인이었다는 이광수 등의 칭송에도 일리는 있다. 하지만 분명한 것은 그들의 사업적 성공에는 '묻지도 따지지도 않고' 식산은행 대출을 가능하게 한 지주 아버지의 토지 담보 등 '다이아몬드 수저' 계급 출신만이 누릴 수 있는 든든한 배경이 있었다는 사실이다.

김성수·김연수 형제의 남다른 점은 충실한 인품을 갖추었다기보다는 시세의 변화를 읽고 산업과 언론, 교육에 과감하게 투자하는 안목과 감각을 가지고 있었다고 보는 편이 합당하다. 가문의 모든 토지를 담보로 잡혀 망할지도 모르는 경성방직과 동아일보사의 대주주가 되는 결단은 아무나 내리기 어려운 것이다. 우선 그럴만한 재산이 있어야 하고, 기업과 언론이 토지보다도 가문의 이익을 극대화할 수 있는 가치 있는 기관이라는 확신과 성공에 대한 자신이 있을 때 실행할 수 있는 일이다.

이러한 감각과 안목은 오랜 일본 유학 생활에서 길러진 것이었다. 와세다대학 정경학부와 교토제국대학 경제학부를 다니면서 형제는 전통적인 양반 지주의 방식으로는 새로운 세계에서

김성수(왼쪽)와 장덕수(오른쪽)

둘은 일본 와세다대학 시절 만난 친구 사이로, 동아일보사와 한민당을 함께
운영할 정도로 유대가 돈독했다. 인촌기념회 소장.

생존할 수 없다고 깨달았다. 그들은 일본 자본주의의 발전을 직접 목격하고 지주가인 자기 집안과 조선의 미래가 근대화 및 공업화에 있다고 확신했다. 영민한 그들은 집안의 이익과 민족의 이익을 합치시켰으며, 결과적으로는 제국의 이익과도 조화를 이루었다.

형제가 일본 유학을 통해 얻은 것은 근대화 이념만은 아니었다. 10대를 일본에서 보낸 형제는 일본어와 일본 문화를 자연스럽게 내면화했다. 이러한 훈련을 통해 그들은 훗날 식민지 재계와 정계를 지배하는 일본인 및 조선인 엘리트들과 쉽게 교제할 수 있었다. 《동아일보》 설립은 조선총독부 관료들과의 정치적 교섭 속에서 가능한 것이었으며, 경성방직 역시 일본인 주주들이 참여하고 있었다. 형제는 자신들의 사업에 일본인 사회자본을 최대한 활용했다.

또한 이들의 성공은 그들을 도왔던 조선인 인맥을 간과한 채 논하기 어렵다. 여러 사람의 회고는 자산가의 아들이면서도 검소하고 동포 고학생들을 도울 줄 아는 김성수·김연수 형제의 인간애를 부각하고 있다. 김성수는 "한번 사람을 신용하여 무슨 일을 맡긴 후에는 일체 간섭을 아니하고 그에게 일임"[15]했으며, 간도참변을 취재하러 갔다가 피살된 《동아일보》 기자 장덕준의 공로를 생각하여 미국 유학 중이던 장덕준의 동생 장덕수에게 동아일보사 부사장 직함과 2,000원을 훨씬 웃도는 높은 급여를 지

해리 농장 사무소 전경(1938) 김연수는 교토제국대학을 졸업한 이희준에게 간척
사업을 맡겨 1933년 함평군 손불면 앞바다의 간척에 이어 1936년에는 고창군 해
리면 앞바다의 간척에 착수해 670정보(195만 평)의 농토를 만들었다. 출처:《한
국 근대기업의 선구자》(삼양그룹 홈페이지).

급할 정도로 신의가 있었다.

그런데 이것을 따뜻한 인간애와 우정으로만 이해하고 넘기기
에는 무언가 불편함이 남는다. 결과적으로 도움을 받은 이들은
먼 훗날 김씨 형제의 사업에 이득을 가져다주었기 때문이다. 당
장 일본 유학 비용을 도움받은 이광수만 해도 김성수를 칭송하
는 글을 쓰고, 김성수의 지원을 받은 송진우나 이강현, 유진오 등
은 김성수의 다방면의 사업을 물심양면으로 도왔다. 그들은 김

김성수와 김연수

성수의 사업이 민족의 이익을 위한 것이라는 대중적 헤게모니를 획득하는 데 큰 역할을 했다.

김연수의 도움을 받은 이들도 마찬가지였다. 교토제국대학 토목공학과를 졸업한 이희준은 삼양사 이사로 있으면서 김연수의 간척 사업을 총괄했다. 김연수의 교토제국대학 경제학부 후배인 서춘과 이순탁도 지원에 힘입어 제국대학을 졸업한 후 김씨 형제의 사업에 힘을 보탰다. 둘 다 조선물산장려회 활동을 하며 '민족기업(자본)'의 중요성을 호소함으로써 자신들을 원조했던 선배 김연수의 사업이 자리 잡는 데 일조한 것이다.

일제가 패망하고 한국이 독립한 후에도 김씨 형제 후손들의 자산은 줄지 않았다. 조선 왕조 때부터 현재까지 이 가문은 통치권력과 돈독한 관계를 유지하고 있다. 민족기업, 민족언론, 민족교육을 표방한 가문의 사업은 번창했고, 후손들은 여전히 번성하고 있다. 여기서 한 가지 의문이 남는다. 동아일보사, 경성방직(삼양사), 고려대학교 등 근대 한국의 기원적 제도의 설립과 발전에 이 형제의 공이 크다고 해서, 그 소유와 영향력이 세습되는 것이 과연 타당한가?

6

어느 식민지 조선귀족 형제의 삶

민태곤과 민태윤

조선귀족, 매국의 상급

조국을 멸망시킨 적국의 포상을 받은 이들을 뭐라고 불러야 할까? 식민지 조선귀족은 '매국노'라는 말을 들어도 합당한 집단이다. 일본은 1910년 〈조선귀족령〉을 공포하고 후작 6명, 백작 3명, 자작 22명, 남작 45명 등 총 76명에게 작위와 은사금을 주었다. 작위를 거절한 8명[1]을 제외한 68명이 이를 받았다. 이들은 법적으로 예우를 받았고, 자식들은 일본의 왕족·귀족학교인 가쿠슈인(學習院)에 다녔으며, 결원이 생기면 무시험으로 제국대학에 입학했다. 게다가 이러한 특권은 상속되었다.

당대인들은 이들을 어떻게 보았을까? 정지용은 교토를 배경으로 식민지 청년의 자의식을 모던한 감각으로 그린 시 〈카페 프

〈관보: 호외, 황실령·조선귀족령〉《매일신보》1910년 8월 30일자.

란스)에서 "나는 자작의 아들도 아무것도 아니란다"[2]라고 자조
했다. 문학사에서 '자작의 아들'은 "구체적인 귀족 계급의 하나
를 가리킨다는 것보다 제 손으로 일하지 않아도 예술에 열중할
수 있는 특권 계급의 상징"[3]이라고 해석된다. 하지만 당시 교토
유학생 사회를 떠올려보면, 이 구절은 문학적 상징을 넘어 '사
실'로도 읽힐 수 있다.

이 시가 쓰일 당시 교토제국대학에는 남작 민종묵의 차남 민
부훈(법학부)이 재학 중이었고, 뒤이어 후작 이완용의 손자 이병
길(문학부), 남작 조동윤의 장남 조중구(농학부) 등도 입학했다.
이들은 가쿠슈인을 거쳐 교토제국대학에 진학했다. 가모가와(鴨
川)강을 사이에 두고 교토제국대학 건너편에 위치한 도시샤대학

영문과에 다니던 정지용이 이들의 존재를 모를 리 없었다. 이 두 대학 학생들은 조선인 유학생 커뮤니티에서 함께 어울렸기 때문이다.

옥천의 가난한 농가 출신인 정지용은 학업을 마친 후 모교 영어 교사로 근무한다는 조건으로, 휘문고등보통학교(이하 '휘문고보') 교비 장학금을 받고 유학 중이었다.[4] 휘문고보 교주는 전국에 방대한 땅을 소유하고 있어 '토지 대왕'으로 불린 '자작' 민영휘였다. 이런 사정을 감안하고 보면, "나는 자작의 아들도 아무것도 아니란다"라는 시구에서 친일 귀족의 알량한 장학금으로 유학하는 정지용 자신에 대한 자조와 더불어, 식민지 귀족들에 대한 강한 반감과 울분을 느낄 수 있다.

정지용의 휘문고보 1년 후배인 이태준도 자전소설 《사상의 월야》에서 민영휘 집안과 얽힌 일화를 그리고 있다. 교주 민영휘가 "바람을 쏘이러 장충단공원에 가셨다가 넓은 마당을 보니 팔백 명 학생을 한 번 한 뜰에 세워놓고 보시고 싶다"[5]고 전화를 걸자, 수업을 중단하고 공원에 모인 전교생은 교가를 부르며 합동 체조를 한다. 학생들의 겉저고리를 벗기라는 '교주의 분부'가 떨어지고 속옷을 못 입은 가난한 고학생인 주인공은 실랑이 끝에 정학당한다.

정지용과 이태준의 작품에 투영된 조선귀족회 부회장 민영휘 집안에 대한 부정적인 형상은 당대 지식인과 대중이 바라본 조

민태곤과 민태윤

선귀족의 모습과 그리 다르지 않을 것이다. 조선귀족 대부분은 일본으로부터 받은 작위와 특권으로 호의호식하고, 자식과 손자까지 대를 이어 영화를 누렸다. 그렇지만 식민지 조선귀족 모두가 그랬던 것은 아니다. 비록 극소수였지만 일본의 통치에 저항한 사람들도 있었다.

사회주의자가 된 식민지 '남작'

식민지 시기를 통틀어 조선귀족은 한일강제병합 당시 작위를 받은 76명, 여기에 1924년에 추가로 작위를 받은 이완용의 아들 이항구, 작위를 계승한 81명의 습작자를 더해 총 158명이었다. 이 중 고종의 망명을 도모해 이른바 '조선보안법 위반 사건'으로 검거된 남작 김사준, 3·1운동 당시 일본에 독립청원서를 제출한 자작 김윤식과 자작 이용직, 상하이로 망명하여 대한민국임시정부에서 활동한 남작 김가진 등이 작위가 박탈되거나 습작이 이루어지지 않음으로써 매국노의 오명에서 벗어날 수 있었다.

조선귀족 158명 중 해방 이후 유일하게 독립유공자 서훈을 받은 사람이 있다. 남작 민태곤(閔泰崑, 1917~1944)이다. 그는 1940년대 초반 항일비밀결사에 가담했다가 옥고를 겪고 스물여덟의 한창 젊은 나이에 죽었다. 김사준의 고종 망명 모색과 김가

1908년 9월 10일 덕수궁 준명당에서 찍은 고종 탄신일 기념 기로연

왼쪽부터 원로 대신 이정로(남작), 심상한, 김윤식(자작), 김성근(자작),
이용원(남작), 고종, 서신보, 민종묵(남작), 서정순, 이주영(남작), 김영전.
괄호 안은 1910년 10월 일본으로부터 받은 조선귀족 작위다. 이 열 명의
대신 중 여섯 명이 후에 친일파로 변절했다. 국립고궁박물관 소장.

진의 망명 및 독립운동 가담도 큰 의미를 지닌다. 하지만 그들은 대한제국의 고위 관료로서 망국에 책임이 있었고, 작위를 거절하지도 않았다. 그들의 충성은 망국의 사직과 군왕을 향하는 복벽(復辟)의 성격을 지녔다.

이에 비해 민태곤은 그들과는 다른 새로운 세대였으며, 그 저항의 사상도 이전과는 다른 새로운 것이었다. 민태곤은 1917년 12월 17일 경성부 입정정(笠井町) 258번지에서 남작 민종묵의 증손자로 태어났다. 민종묵은 신사유람단의 일원이었으며 구한말 통상·외교 분야에서 중추적 역할을 한 인물로, 대한제국에서 외부, 탁지부, 법부, 농상공부대신 등을 지냈다. 그의 남작 작위는 아들 민철훈을 거쳐 민철훈의 양손 민규현과 그 아들들인 민태곤·민태윤의 5대까지 이어졌다.[6]

민태곤은 아버지의 이른 죽음으로 만 17세에 남작 작위를 습작했다.[7] 대전중학교를 거쳐 1939년 일본 도호쿠제국대학 문학부에 진학하여 서양사를 전공했다. 그는 1940년 5월 무렵부터 학생비밀결사를 조직하여 조선의 독립과 신사회 건설을 모색했다. 이를 위한 이론적 모색으로 마르크스(Karl Marx)의 〈임노동과 자본〉, 라피두스(IosifLapidus)·오스트로비차노프(Konstantin Ostrovityanov) 공저의 〈마르크스주의 경제학 교정〉 등 사회주의 계통의 서적들을 함께 공부했다. 일본 내무성 경보국 보안과에서 발행한 일본의 특별고등경찰 잡지 《특고월보》에서는 이들의

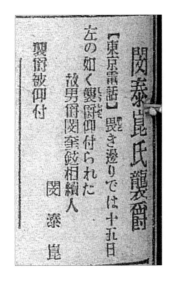

〈민태곤 씨 습작〉
《조선신문》1934년 12월 16일자.

협의를 '민족공산주의운동'으로 명명하고 있다.[8]

이들은 조직의 실천 활동으로, 첫째 동지를 규합하고 독립운동 단체의 건설을 위해 사회주의사상을 채택하고 연구할 것, 둘째 조선 내 신분제도의 타파, 셋째 학생들에 대한 군사교육 및 창씨개명 반대, 넷째 조선에서의 의무교육제도 실시, 다섯째 재일조선인 노동자의 생활개선 등을 협의했다.[9] 이러한 활동을 하다가 민태곤이 오창근, 이건호, 김태철 등과 더불어 1941년 12월 9일 일본 경찰에 검거되었고, 조직은 와해되었다.

귀족이라는 특권과 보장된 삶을 박차고 고통받는 동족을 위한 삶을 실천하는 것은 말처럼 쉬운 일이 아니다. 민태곤의 집안은 여흥 민씨의 일원으로 조선 왕조의 권세가였으며, 식민지 시기에는 식민권력과 적극적으로 결탁하며 그 비호를 받았다. 민철훈의 동생으로, 민태곤에게는 종증조부였던 민부훈은 이즈음 교토제국대학 법문학부를 졸업하고 고등문관시험 사법과에 합격한 후 조선총독부 판사로 재직하면서 사회주의 독립운동가들에게 실형을 내리고 있었다.[10]

이런 친일 귀족 집안에서 자랐으면서 민태곤은 사회주의자가 되었다. 그는 남작이라는 작위가 동족과 나라를 판 대가라는 사실을 아프게 인식한 듯하다. 마음먹기에 따라 집안 어른인 민부훈처럼 영화를 누릴 수도 있었고, 세상과 거리를 두고 학문 뒤에 숨을 수도 있었다. 그에게는 도호쿠제국대학 졸업과 동시에 이화여자전문학교 교수직이 내정되어 있었다고 전한다.[11] 하지만 그는 친일의 꽃길 대신 독립운동의 가시밭길을 택했고, 동지들과 함께 체포되는 시련을 겪는다.

어쩌면 귀족 신분은 그를 끝까지 따라다닌 족쇄였는지도 모른다. '도호쿠제국대학 조선민족독립운동그룹'의 성원들은 모두 1941년 12월 9일에 체포되었지만 그들이 풀려난 시기는 각기 다르다. 1943년 4월 22일에 검거된 조직원들 중에서 가장 먼저 민태곤이 센다이지방재판소의 기소유예 판결로 풀려났다. 오창근, 황채연 등은 센다이(仙台)지방재판소 형사부에서 치안유지법 위반으로 1943년 9월 18일에 징역 2년에 집행유예 2년 형을 선고받았다. 집행유예지만 미결감에서 이미 2년여 동안 수형 생활을 한 뒤였다.

일본 당국은 민태곤이 조선귀족 신분이었기에 기소유예 처분을 내린 것으로 보인다. 즉, 민태곤은 자신이 타파하고자 했던 귀족 신분 덕분에 동지들보다 가벼운 법적 처분을 받은 것이다. 그렇다고 민태곤이 고초를 겪지 않았다는 뜻은 아니다. 1년 5개월여 동안 경찰과 검찰의 혹독한 취조와 수형 생활로 그의 폐는 망가졌다. 그는 동지들보다 먼저 풀려난 데에 대한 미안함과 자괴감, 그리고 폐결핵으로 고통받다 1944년 11월 22일 죽음을 맞이했다.[12]

'갑자생' 귀족의 해방 전후

민태곤은 독립운동 공적으로 2009년에 대한민국 애족장을 받았다. 뒤늦게나마 서훈이 이루어진 데에는 그의 동생 민태윤(閔泰崙)의 각고의 노력이 있었다. 민태윤은 형의 독립운동 자료를 얻기 위해 "일본 내각총리대신, 법무대신, 대법원, 도호쿠제국대학이 있는 센다이의 지방법원장과 검찰청장한테 다 편지를 보냈"지만, "관련 자료가 남아 있지 않다"는 답변만 되돌아왔다. 그러던 중 미즈노 나오키 교토대학 교수의 자료 제공으로 드디어 형

민태곤의 서훈을 이룰 수 있었다.[13]

민태곤과 일곱 살 터울인 민태윤은 그 유명한 '갑자생'(1924년생)이다. "묻지 마라 갑자생"이라는 말이 있을 정도로 1924년 식민지 조선에서 태어난 남성들은 모진 풍파를 겪었다. 그들은 1944년부터 실시된 징병제의 첫 대상자로, 심각한 신체적 결함만 없으면 신체검사에서 무조건 합격 판정을 받고 총알받이로 내몰렸다. 태평양전쟁 막바지에 중국, 남양 등지로 끌려간 이들 중 많은 사람이 죽었다. 겨우 살아 돌아온 이들 앞에는 한국전쟁이 기다리고 있었다. 그들은 다시 인민군이나 한국군 혹은 두 군대 모두에서 징집되었다.[14]

민태윤도 갑자생들의 신산한 삶의 행적을 공유했다. 그의 생애는 서울특별시시사편찬위원회가 기획한 《서울역사구술자료집》에 채록된 그의 구술을 통해 가늠해볼 수 있다. 다만 부정확하거나 왜곡될 수 있는 주관적 기억에 의존한 구술자료를 활용할 때에는 세심한 주의가 필요하다. 민태윤의 구술 역시 마찬가지다. 인터뷰어의 질문이 없었기 때문이겠지만, 민태윤은 자신이 남작 작위를 습작한 식민지 조선귀족 출신이란 사실을 밝히지 않았다.

식민지 시기 귀족이란 사실은 감춘 반면 민씨 가문에 대한 자긍심은 곳곳에 내비치고 있다. 가령 어린 시절을 회고하며 휘문고보 입학 이유를 '민씨 가문'의 민영휘가 만든 학교이고, "어른들이 거기가 제일 좋은 학교니깐 그리 가라고 해서" 진학했다고 술회한다. 당시 창씨개명을 하지 않은 이유 또한 "저희 민씨 집안에서 절대 반대"했기 때문이라고 강조한다. 그에게는 여흥 민씨라는 양반가의 자부심이 강했음을 알 수 있다.

1944년 3월 휘문고보를 졸업한 민태윤은 1944년 12월 '아카가미(赤紙)'라 불린 징집 영장을 받는다. 식민지 귀족도 징집에서 예외는 아니었다. 요즘도 병역 비리 뉴스가 간간이 되풀이되듯이, 예나 지금이나 권세 있고 재력 있는 집안에서는 여러 편법으로 군역을 회피했다. 하지만 당시 민태윤은 하나뿐인 형이 항일비밀결사에 참여했다가 체포되어 수형 생활의 후유증으로 죽고 가족이라고는 홀어머니만 남은, 재산도 권세도 없는 이름뿐인 영락한 귀족이었다.

그는 "증조부가 미곡상을 하다가 잘못되어" 가세가 기울어 충남 연기군 소정리로 낙향했다고 기억한다. 그의 증조부는 민종묵(閔種默)을 습작한 제2대 남작 민철훈(閔哲勳)으로, 은행 취체역('이사직'을 이르던 옛말)으로 활동하며 1920년 3월에는 농림주식회사를 설립했다. '미곡상'이란 아마도 이 농림주식회사였을 것이다. 민태곤·민태윤 형제의 아버지인 남작 민규현(閔奎鉉)이 1930년 1월, 파산한 조선귀족을 구호하기 위해 설립된 재단법인 창복회에서 150원을 수령한 기록이 있다.[15] 사업이 망하여 가세가 기운 탓으로 보인다.

민태곤과 민태윤

형편이 넉넉지 못한 데다 형의 항일비밀결사 경력으로 인해 당국의 따가운 눈총을 받던 중이라 민태윤은 징병을 회피할 방법을 찾지 못했다. 그는 1945년 1월 16일 입대 후 허난성(河南省) 신샹시(新鄉市)의 중국 북지파견군 시미즈부대(沈部隊)에서 7개월여를 주둔하며 미군의 B29 공습을 일상으로 겪다가 7월경 용산으로 귀환했다. 다시 1945년 8월 초순에 흥남비료공장 인근에 배치되어 참호를 파다 해방을 맞아 8월 19일 화물차를 타고 서울로 귀환했다.

살아 돌아온 그는 경성경제전문학교에 입학했지만 학교가 서울대학교 상대로 통합되는 '국대안(國大案)' 파동에 휘말리는 바람에 졸업하지 못하고, 결혼과 함께 국립도서관에 취직한다. 얼마 뒤에 집안 친척이 실장으로 있는 신탁은행(뒷날 한일은행) 조사실로 직장을 옮겼다가 한국전쟁을 겪게 된다. 피난하지 못한 민태윤은 길거리 등에서 여러 차례 인민의용군 징집을 당하지만 꾀를 쓰고 도망쳤다. 서울 수복 후에는 국민방위군에 징집될 위기에 처하자 교통부 철도국원이 되었다.

철도국은 국민방위군으로 끌려가서 죽기 싫었던 그가 선택한 직장이었다. 한강과 서울을 자유로이 오갈 수 있는 특권과 더불어 청량리역 구내에 세워진 관사도 제공받았다. 이후 그는 교통부 본부 항공과로 옮겨가 근무하다 조중훈이 인수하여 민영화된 대한항공에 "교통부에서 간 낙하산 인사"로 기획팀에 근무하다가 1979년 퇴임했다. 세 나라 군대에 휘둘린 갑자생 '남작' 민태윤은 전쟁터의 위험을 피하고 "아주 운이 좋"게 살아남아 '국민/시민'의 삶을 살 수 있었다.

민주주의 시대, 귀족은 사라졌는가?

귀족의 사전적 정의는 "혈통, 문벌, 공적 등에 의해 정치적·사회적 특권을 가지게 된 사람"이다. 민주공화국인 한국에 더는 귀족 계급은 존재하지 않는다. 한국에서 귀족 계급이 사라진 것은 지난 세기의 민주적 변화의 결과이기도 하지만, 무엇보다 귀족 계급 스스로가 그 존재의 도덕적 근거를 허물어버린 탓도 크다. 이씨 왕가는 '왕공족(王公族)'으로 일본 황실의 일부로 안주했고, 양반가들은 일본의 작위를 받으며 그 권위를 상실했기 때문이다.

그렇지만 현실에서 그 귀족들의 잔재는 사라졌을까? 조선귀족들이 특권을 기반으로 일군 재산과 영화는 후손들에게 세습된 경우가 많다. 앞서 언급한 민영휘 집안이 대표적이다. 민영휘는 민씨 척족으로, 그의 아버지 민두호는 백성의 고혈을 짜내어 '민쇠갈쿠리'로 불린 탐관오리였다. 민영휘도 평양감사를 지내면서 백성을 쥐어짜 고종에게 금송아지를 진상했다고 한다. 민영휘 일가는 조선귀족이 된 이후 재산을 더욱 불려 식민지 최고의 갑부가 되었다.

조선 왕조의 벌열(閥閱) 양반 귀족이자 식민지 시기 조선귀족이라는 특권을 누리며 쌓아올린 민영휘의 재부는 후손들이 사회적으로 성공하는 데 토대가 되었다. 손자들 중에는 제일은행장과 한국은행장 등을 역임한 인물이 있고, 도쿄제국대학을 졸업한 증손자는 성공한 사업가로 풍문여자고등학교를 설립했다. 유명한 남이섬 유원지도 민영휘 후손의 소유이다. 휘문고등학교(옛 휘문고보)는 민씨 집안이 대대로 소유해왔는데, 최근 후손인 이사장이 50여억 원의 교비를 횡령해 법정구속되기도 했다.

친일 귀족의 자손이라는 이유만으로 '연좌제'적 비난을 하는 것은 물론 옳지 않다. 그렇지만 그들의 사회적 성공은 특권 속에서 축적한 민영휘의 재산과 그를 토대로 형성한 사회자본에 힘입은 바 크다. 그런데도 최근 이 집안은 국가에 귀속된 민영휘의 재산을 되찾고자 소송을 제기했다가 대법원에서 최종 패소 판정을 받았다. 민중의 희생을 발판으로 삼아 얻은 사회적 특권을 부끄러워할 줄 모르고 그 재산을 되찾겠다고 나선 그 후손들은 비난받아 마땅하다.

한국 사회에서 혈통과 문벌에 기반을 둔 전통적인 의미의 귀족은 사라졌을지 모르지만, 새로운 유형의 귀족이 등장하고 있다. 재벌들은 그 능력이 검증되지도 않은 3세, 4세에게 경영권을 세습하고 있으며, 대통령의 자식이라는 경력(?)만으로 집권 여당의 비례 국회의원이 되는가 하면, 근래에 이르러서는 아버지의 지역구를 승계했거나, 승계하려는 정치인 2세, 3세도 있다.

무엇보다 현재 한국 사회는 (조)부모의 경제력과 사회적 지위가 그 자식의 사회적 성공을 좌우하는 사회적 불평등이 심화·고착되고 있다. 한국은 사회는 분명 민주주의 국가이지만, 한편으로는 공고한 신분제 사회처럼 느껴질 때도 많다. 민태곤을 검거한 일본 경찰은 그가 가담한 항일비밀결사의 혐의를 '민족공산주의운동'이라고 규정했다. 그 규정이 암시하듯이, 민태곤이 꿈꾼 세상은 특권이 없고 사회적 불평등이 사라져 모든 민족 구성원이 평등하게 살아가는 독립한 새 나라였다.

민태곤의 삶은 오늘의 우리에게 이렇게 묻고 있다. 과연 대한민국에서 살아가는 이들은 모두 평등한가?

김사국과 김사민

국내 사회주의운동의 개척자 형제

조선공산당 통합 협상의 진풍경

1925년 11월 28일, 경성 모처 밀실에 세 사람이 모였다. 한 편에는 서울청년회 내 비밀 콤그룹(공산주의그룹)인 고려공산동맹(서울파) 협상단 최창익과 정백이 자리했다. 이들의 맞은편에는 화요파 조선공산당 협상 대표 주종건이 앉아 있었다. 이 모임은 당시 사회주의운동의 유력 분파인 서울파와 화요파가 당 통합을 논의하기 위한 예비 접촉의 자리였다. 이후 대표를 바꿔가며 총세 차례에 걸쳐 양 파벌 사이의 통합 모임이 이어졌지만, 최종적으로는 협상이 결렬되었다.[1]

식민지 조선의 초창기 사회주의운동사는 국내외에서 여러 분파가 복잡하게 뒤얽힌 파쟁의 역사였다. 러시아, 만주, 상하이를

김사국과 김사민

배경으로 활동하던 한인 사회주의자들은 상하이파 고려공산당과 이르쿠츠크파 고려공산당으로 대립했다. 국내에서도 대중조직을 주도한 서울파, 상하이파 고려공산당의 국내 조직이 된 사회혁명당, 일본 유학생들이 조직한 북성회의 국내 본부인 북풍회, 그리고 이후 조선공산당의 주류가 된 화요파 등 여러 분파가 당 창건과 운동의 헤게모니를 두고 경합했다.[2]

1925년 4월 17일 화요파를 중심으로 창립된 조선공산당은 그해 11월 22일 발생한 '신의주 사건'[3]으로 많은 청년 당원이 검거되면서 타격을 입었다. 화요파는 대중적 기반을 가지고 있던 서울파와 통합해 위기를 극복하고자 했다. 첫 예비 접촉에서 화요파는 중앙 간부 7인 중 두 명만을 서울파에 할당하고, 서울파의 리더 역할을 했던 '김사국(金思國, 1892~1926) 동지는 당분간 조선공산당에서 완전히 제외할 것'[4]을 주장했다. 서울파로서는 받아들이기 힘든 제안이었다.

이어진 2차 교섭에서 화요파는 중앙 간부를 서울파보다 화요파에 1인 더 할당하고, 김사국을 제외할 것을 재차 요구했다. 서울파는 불리한 중앙 간부 배분을 받아들이고, 김사국도 당분간 휴양할 것이니 화요파도 이 문제를 더는 거론하지 않는 선에서 합의하자고 제안했다. 화요파는 서울파의 제안을 수용하는 듯했지만, 3차 교섭에서 일대일 합당이 아니라 서울파 성원들의 개별 입당과 중앙 간부는 모두 화요파로만 채울 것을 요구함으로써 결국 협상이 결렬되었다.

화요파는 왜 성사 직전의 통합을 뒤엎었을까? 1926년 3월 코민테른은 화요파 중심의 조선공산당을 정식 지부로 승인했다. 곧이어 3차 교섭이 진행 중인 1926년 5월 8일에 서울파의 리더였던 김사국이 사망했다. 코민테른의 권위를 등에 업은 데다 눈엣가시 같던 김사국마저 사망하자 화요파는 통합 대신 흡수로 선회했다. 화요파는 왜 서울파의 리더를 제외하고 통합하자는 억지를 부렸을까? 화요파가 막무가내로 떨쳐내고 싶었던 김사국은 누구인가?

식민지 해방의 빛, '해광'의 삶

1926년 5월 8일 오후 5시. 김사국은 평생 독립운동과 사회운동에 헌신하다가 폐병이 악화되어 서른다섯에 불꽃같은 삶을 마감했다. 죽음은 역설적으로 누군가의 삶을 보여주는 척도다. 당대 언론은 앞다투어 "조선 사회운동의 제일인자"[5]의 영면을 애도했다. 5월 12일에는 "정우회(政友會), 전진회(前進會), 조선노동당, 청년총동맹, 형평본사(衡平本社)" 등 60여 단체 1,000여 명의 추모객이 운집한 '사회운동단체연합장'으로 영결식이 치러졌다.

김사국의 영결식에 모인 사회단체들의 면면과 여러 해에 걸

〈육십단체연합장 고(故) 김사국 씨 영결식〉《시대일보》 1926년 5월 13일자.

쳐 서울· 제주· 춘천· 부산· 거제· 도쿄· 간도 등 국내외 각지에서 잇달아 열린 추도회는 김사국 삶의 치열함과 그 대중적 영향력을 방증한다. 조선총독부는 죽은 뒤 1년이 지나서도 여전히 이어진 김사국 추도회를 경계해야만 했다.[6] 화요파가 김사국만 빼자고 생떼 부린 것도 그의 리더십과 대중적 영향력을 감당할 자신이 없었기 때문이었을 것이다. 이런 힘이 어디서 왔는지 그의 삶을 살펴보자.

김사국은 1892년 11월 9일 충청남도 연산(連山)에서 소지주였던 김경수의 장남으로 태어났다. 김경수는 젊은 아내 안국당과 어린 사국(思國)·사민(思民) 형제를 남겨두고 요절했다.[7] 김경수가 어떤 인물이었는지는 알려져 있지 않지만, 어린 아들들

7 국내 사회주의운동의 개척자 형제

에게 지어준 이름이 예사롭지 않다. 돌림자인 '思'에 '國'과 '民'을 붙인 뜻은 '위국위민(爲國爲民)'의 유교적 규범과 관련된 듯하다. 사국·사민 형제는 나라와 민중을 위한 실천적 삶으로 아버지의 뜻 이상으로 그 이름에 대한 책임을 다했다.

안국당은 남편의 삼년상을 치른 후 친정에 의지하고자 어린 두 아들과 충주로 이주했다. 친정에서 1년여를 보내던 어느 날 술객(術客)으로부터 두 아들이 스물 이전에 요절할 운명이며 '불전에 축원하면 장수한다'는 말을 듣는다. 그녀는 곧장 두 아들을 데리고 금강산 유점사(楡岾寺)로 들어갔다.[8] '해방의 빛'처럼 읽히는 김사국의 필명 '해광(解光)'은 이 시절 법명일지도 모른다. 두 아들을 위해 머리를 깎고 승이 된 안국당은 정성껏 불공을 드리면서, 형제에게 선생을 붙여 한학을 공부시켰다.

세상이 바뀌어 새 학문을 가르쳐야겠다고 생각한 안국당은 서울로 거처를 옮겼다. 김사국은 보성학교에서 배우고 17세 때인 1908년 일본으로 건너가 피혁회사에 다니며 고학했다. 1909년에는 도쿄 한인유학생들의 연합단체인 대한흥학회에 가입해《대한흥학보》출판부원으로 활동했다. 귀국하여 한성중학에서 수학하고 함경도 덕원소학교에서 교사로 일하다가, 1918년 무렵 만주로 건너가 관동도독부 육영학교에서 고등교육을 이수했다.

1919년 2월 귀국해서부터 죽을 때까지 김사국은 당대 조선의 민족·사회운동의 일선에서 활동했다. 3·1운동 때 학생대표를 지

김사국과 김사민

낸 강기덕은 만주에서 활동하던 김사국이 입국해 독자적으로 학생층의 독립선언문을 기초했다고 회고했다.[9] 1919년 4월 김사국은 13도 대표자들로 조직된 '국민대회'를 개최해 임시정부 선포를 주도함으로써 한성정부 수립의 계기를 마련했다. 이 '국민대회 사건'으로 그는 1년 6개월 형을 살았다.

이때까지 김사국은 민족에 대한 뜨거운 애정을 가진 '대동단' 계열의 민족주의자였다.[10] 출옥 후 김사국은 민족해방을 위한 새로운 이념으로 사회주의를 받아들였다. 그는 민족과 민중의 해방을 위해 국내 중심의 사회주의 대중 활동을 지향했다. 청년운동에선 서울청년회, 노동운동에선 조선노동대회를 중심으로 이를 실현하고자 했다. 특히 국내에 사회주의운동을 전파하는 데에는 서울청년회의 역할이 컸다. 서울청년회를 중심으로 한 일군의 사회주의자를 '서울파'라고 한다.

김사국은 서울파 콤그룹의 탁월한 지도자였다. 도쿄로 건너가 1921년 11월 흑도회 창립에도 참여했던 김사국은 1922년 귀국했다. 그가 대표로 있던 서울청년회는 김윤식 사회장을 둘러싼 정파 간 갈등과 코민테른으로부터 받은 자금을 상하이파 국내 조직에서 유용한 '사기공산당 사건'을 거치며 1922년 4월 조선청년회연합회에서 탈퇴하고, 새로운 전국 단위 사회운동체로 '전조선청년당대회'를 주창했다. 일련의 사회운동을 하며 김사국과 서울파는 대중 속에서 그들과 함께하는 활동을 조직했다.

전조선청년당대회 기념사진(1923년 3월 24일) 서울청년회를 비롯한 94개 단체가 참가했다. 독립기념관 소장.

1922년 10월 21일 김사국과 서울파가 개최한 '지게꾼 취체(取締) 문제'에 대한 비판 집회가 그 예다. 사설 지게꾼 취체사무소의 불법 징세와 착취에 대해 고발하는 이 보고회에는 노동자 400여 명이 청중으로 참여하며 큰 반향을 일으켰다.[11] 요즘 식으로 말하자면, 택배 노동자들의 열악한 노동 조건을 고발하며 함께 싸우는 자리였다. 김사국은 "군의 머리는 천하에 가장 밝아서, 사물에 대한 날카로운 관찰과 비평은 듣는 자로 하여금 경탄케 한다"[12]는 평판을 들을 만큼 명석했다. 하지만 명석함보다 대중의 고통을 나누며 진심을 다해 함께 싸우는 열정, 그것이 김사국의 진정한 힘이자 화요파가 두려워했던 그의 영향력의 본질이었다.

김사국과 김사민

코민테른 승인을 둘러싼 국내 전위당의 경쟁

김사국의 삶은 합법적 활동 영역과 공산주의 전위당이라는 비합법의 영역에 걸쳐 있었다. 1923년 2월 20일 김사국을 중심으로 서울청년회 내부에 공산주의 전위당인 고려공산동맹이 결성되었다. 1923년 봄 '고려공산동맹' 책임비서 김사국은 블라디보스토크로 향했다. 코민테른과의 상설 연락기관을 설치하고 조선공산당의 승인을 받는 임무가 그에게 부여되었다. 김사국은 코민테른의 승인을 받기 위해 노력했지만 끝내 성과를 얻진 못했다.

고려공산동맹뿐만 아니라 국외의 이르쿠츠크파와 상하이파 고려공산당, 국내의 북풍회 계열, 화요파 계열 등이 전위당을 결성하고 조선공산당의 대표성을 승인받기 위해 경합했다. 코민테른은 처음에는 이르쿠츠크파와 상하이파의 합동을 추진했으나 무산되었다. 우여곡절 끝에 1926년 3월 31일 〈조선 문제결정서〉를 가결함으로써 화요파 조선공산당을 승인했다. 하지만 코민테른은 자신들이 승인한 조선공산당과 투쟁하지 않는다는 조건으로 여타 콤그룹도 인정하면서 분란의 씨앗을 남겼다.

김사국은 초기부터 조선공산당이 국내 운동을 기반으로 결성되어야 한다는 입장을 일관되게 유지했다. 코민테른의 지시로 상하이파와 이르쿠츠크파는 단일당을 창립하기 위해 1922년 10월 베르흐네우진스크(지금의 울란우데)에서 고려공산당 연합대회

7 국내 사회주의운동의 개척자 형제

를 열었다. 김사국은 국내에 아무런 기반을 갖지 못한 상하이파와 이르쿠츠크파가 당 통합을 주도하는 것에 반발했다. 화요파 등 국외로부터 잠입한 해외파 중심 전위당에도 반대했다. 당시 사회운동에 대한 그의 생각을 읽어보자.

일본 갔다 온 자는 그저 피상적으로 일본이 어떻다 할 뿐이오 구미(歐米)에 갔다 온 자는 또한 피상적으로 구미를 꿈꿀 뿐입니다. 조선에서 1년간 소작권 피탈자가 기만 명인지 조선의 실직자가 1년간 해외로 몇만 명이 나아가는지 조선의 토지는 1년간 얼마나 매진(賣盡)되는지 그것을 생각하고 그것을 구제하고 그것에 대한 방어 또는 투쟁할 무슨 방편을 생각하는 청년이 적습니다. (중략-원문) 나는 이것을 여러 동지와 늘 말합니다. 그리고 한 가지는 조선에는 아직까지 신임할만한 지도자 없는 것 그것이외다. 사회운동이나 민족운동을 물론하고 상당한 지도자가 아직 뵈지 않습니다. 즉 다시 말하면 조선에는 아직 위대한 사상가가 없고 뜨거운 열정가가 없습니다. 민중의 앞에 솔선해 나서서 불식불면(不息不眠)히 일하는 도덕적 책임감이 강한 인물이 아직 없습니다.[13]

죽기 석 달 전 김사국은 잡지《개벽》을 통해 조선에 대한 걱정을 논했다. 그는 소작권을 뺏긴 자들은 얼마인지, 실직자가 어느

김사국과 김사민

정도인지, 토지는 얼마나 수탈되는지 등 조선의 정치·경제적 처지를 이해하고, 어떻게 투쟁할까를 고민하는 청년이 적다는 점을 우려한다. '외풍(外風)을 쐬고' 와서 일본과 구미를 보편적 전범으로 내세우는 경박한 지식 청년에 대한 비판이지만, 이른바 사회운동 해외파에 대한 못마땅한 심기도 읽을 수 있다.

따지고 보면 김사국이야말로 조선의 안과 밖을 두루 누비고 다닌 사람이다. 일본 유학과 흑도회 활동, 중국 관동주에서의 유학, 코민테른의 승인 임무를 수행한 연해주 생활, 그리고 사회운동의 후진 양성에 힘쓴 간도 '동양학원'과 영고탑 '대동학원' 시절에 이르기까지 그는 '외풍'을 흠뻑 맞으며 동아시아를 주유했다. 하지만 그는 식민지 사회주의자의 활동 거점은 국내여야 한다고 확신했다. 서울의 북악청년회관에서 맞은 그의 죽음은 이러한 신념의 상징적 구현처럼 느껴진다.

김사국은 왜 해외 사회주의자들을 불신했을까? 한기형은 이 시기의 작품인 염상섭의 《만세전》(1924)과 심훈의 《동방의 애인》(1930)을 겹쳐 읽으며, 식민지의 안과 밖이라는 역(域)의 차이를 포착한 바 있다.[14] 조계지인 상하이, 사회주의의 수도인 모스크바, 다이쇼 데모크라시의 공간인 도쿄는 동질의 공간이었다. 급진적 사상이 굽이쳤지만 그곳은 기본적으로 안온하고 평화로운 장소였다. 반면, 식민지는 '속중(俗衆)'들의 저속하고 고단한 삶들이 뒤엉킨 불안과 긴장의 땅이었다. 이곳이야말로 진

7 국내 사회주의운동의 개척자 형제

정한 사회운동의 현장이었다.

물고기가 물을 떠나면 죽듯이, 국내 민중과 동떨어진 해외의 공산주의 전위당이란 공상일 뿐이다. 상하이파와 이르쿠츠크파에 대한 김사국의 적대감에는 이런 생각이 깃들어 있었던 듯하다. 그는 국내에서 고통받고 있는 "무산민중을 중심으로 한 민족운동"을 일관되게 주창하면서, "민중의 앞에 솔선해 나서서 불식불면(不息不眠)히 일하는 도덕적 책임감이 강한" 지도자를 염원했다. 너대니얼 호손의 소설 〈큰 바위 얼굴〉에서처럼, 조선 민중은 김사국이 죽고서야 그가 기다리던 지도자가 사실은 김사국 자신이었음을 어렴풋이 느끼게 되었다.

혁명가 김사민의 용맹과 비극

김사민(金思民, 1898~?)은 형 김사국의 여섯 살 아래 동생이다. 서울파의 영수였던 형의 그늘에 가려져 있지만, 김사민 또한 3·1운동 때부터 1920년대 중반까지 민족의 독립과 민중의 해방을 위해 불꽃처럼 살았던 청년 혁명가였다. 김사민은 형이면서 지도자인 김사국과 보조를 맞추며 조선노동대회 및 자유노동조합과 서울청년회, 그리고 고려공산동맹에서 경기 지역 오르그(조직책) 등을 맡으며 서울파 수뇌부의 한 사람으로 활동했다.

김사민이 어느 학교를 다녔는지는 분명하지 않다. 임경석의 조사에 따르면, 김사민은 소학교를 마친 후에 조선보병대에 입대했다. 조선보병대는 일본의 한국 병합 이후 '이왕가'의 경호와 의전을 위해 잔존시켰던 조선인 군대로, 1931년까지 존속했다. 무기와 탄약, 인사관리 등을 조선 주둔 일본군이 관장했다. 김사민은 이 부대에서 3년간 근무했다.[15]

3·1운동 당시 국민대회 사건으로 김사국이 투옥 중일 때 김사민은 새로운 운동을 준비하고 있었다. 1920년 5월 조직된 조선노동대회 간사로 활동하던 김사민은 1920년 8월 미국 의원단이 경성에 들어올 때를 기회로 조선독립청원서를 제출하고 시위를 일으키려 했다. 그러나 계획이 탄로나 김사민은 동료 15인과 함께 체포되었으며, '보안법' 5조 위반으로 1년 동안 인천 덕적도에 거주 제한 명령을 받았다.[16]

1922년 8월에는 형과 함께 고려공산청년회 중앙총국 간부진에 이름을 올렸다. 조선의 공산주의 청년운동을 지휘하는 중요한 역할을 맡은 것이다. 이후 독자노선을 걸어간 고려공산동맹의 경기도 책임자로, 합법공간인 조선노동대회의 간부로 활동하던 김사민은 '신생활사 필화 사건'으로 체포되어 서대문형무소에 수감되었다. '러시아혁명 제5주년 기념호'로 간행된 《신생활》 11호(1922)에 '자유노동조합취지서'를 게재한 혐의였다.

자유노동조합은 지게꾼과 막벌이꾼 등 자유노동자 200여 명이 참여해 1922년 10월 창립한 직업별 노동조합이다. 자유노동조합은 지식인들이 중심이던 일제시대 여타 노동자 단체와 달리 노동자 중심의 조합이었다는 점에서 역사적 의미가 크다. 김사민은 자유노동조합 결성을 주도하고 의장에 선출되었다. 김사민은 신생활사 동인·기자는 아니었지만, 자유노동조합 발기총회와 취지서 작성의 주도자로 지목되어 함께 검거되었고 징역 2년형을 선고받았다.

미결감에 갇혀 1심 재판을 받으면서 김사민은 "항상 불평을 가지고 무슨 이유로 불법 감금을 하느냐고 부르짖으며" 여러 차례 거세게 항의했다. 1923년 2월 1일 간수장이 그를 불러 "설유를 하고 갔다가 구류하려고 구치감 문을 들어설 때"에 김사민은 "용맹하게 간수의 칼을 빼어 문턱에 섰던 간수 요코오 마사이치(橫尾政一)의 머리를 찍"어서 중상을 입혔다.[17] 사건을 전하는 당시 신문 기사들에서는 김사민의 용맹한 저항에서 느낀 통쾌함이 전해진다.

그렇지만 그 용맹한 행동의 대가는 혹독했다. 사건이 발생하고 석 달이 지나서야 어머니 안국당이 면회할 수 있었다. 김사민은 "간수 세 사람이 앞뒤로 부축"하고서야 면회실로 나올 수 있었고, "그의 어머니가 왔다는 소리를 듣고 겨우 눈을 한 번 들어 보더니 다음에는 아무 소리도 없이" 멍하니 있을 따름이었다. 간수들은 "이따금 정신병 증세가 일어나면 그럴 때가 있다"고 얼

김사국과 김사민

신생활사 필화 사건의 공판 광경 김사민은 이 사건으로 징역 2년 형을 선고받았다.《매일신보》1922년 12월 27일자.

버무렸다.[18] 심신이 모두 망가진 김사민은 1924년 7월 26일 만기 출소했다.

　도대체 어떤 고문이 사람을 저 지경으로 만들었을까? 박헌영은 고려공산청년회 사건으로 자신이 받은 고문을 기록으로 남겼다. 그에 따르면 당시 체포된 사회주의자는 경찰서의 비밀 장소로 끌려가서 "냉수나 혹은 고춧가루를 탄 뜨거운 물을 입과 코에 들이붓거나 손가락을 묶어 천장에 매달고 가죽 채찍으로 때리거나 긴 의자에 무릎을 꿇어앉힌 다음 막대기로 관절을 때리거나" 하는 고문을 당했다. 경찰 일고여덟 명이 고문 희생자가 "피범벅이 되어 의식을 잃고 바닥에 쓰러질 때까지" 축구공처럼 주먹으

로 치고 때리는 '축구공 놀이'라는 고문도 있었다.[19]

조선인 사회주의자는 '아카(あか, 빨갱이)'이자 '불령선인(不逞鮮人, 불온한 조선인)'이라는 이중의 비국민으로 인간 취급을 받지 못했다. 박헌영 전기에서는 박헌영이 정신병으로 위장해 출옥했다고 영웅화하지만, 실제로 정신착란이었을 개연성이 크다. 정신을 회복한 박헌영과 달리, 조선공산당의 제2대 책임비서 강달영은 고문에 의한 정신이상으로 고생하다 죽었다. 일본인 간수에게 중상을 입힌 김사민에게 가해졌을 고문이 어땠을지는 미루어 짐작할만하다. 그 고문의 순간에 이미 그는 살해당한 셈이다.

비극 속에서 움튼 소망, 역사를 세우다

일가의 비극은 계속되었다. 1928년 1월 5일, 남편 김사국 사후 1년 8개월여 만에 그의 평생 동지이자 부인인 박원희가 죽은 것이다. 그녀는 고려공산동맹원으로 그 자신이 쟁쟁한 사회주의 활동가이자 김사국·김사민 형제의 가장 가까운 동지였다. 그녀는 김사국의 유지를 실현하기 위한 활동을 하면서, 중앙집행위원으로 1927년 근우회 창립에도 참여했다. 한창 활동 중에 감기 기운으로 앓아누웠다가 회복하지 못하고 결국 갓난아이 딸 하나를 남겨두고 세상을 떠났다.

김사국의 7주기를 맞아 남은 가족의 근황을 전하는 신문 기사에 따르면, 안국당과 김사민은 견지동의 청년총동맹 사무실 한 구석의 쪽방에 기거하고 있었다. '장발홍염(長髮紅髯, 긴 머리 붉은 수염)의 (사회)주의자'로 정신이 온전치 못한 김사민과 그의 어머니 안국당은 구걸로 연명했다. 문득 정신이 돌아올 때마다 활동가의 감각이 살아난 것일까? 김사민은 각종 신문지 수십 관을 방 한구석에 정연히 쌓아두었다고 한다. 폐인이 된 둘째 아들을 보살피며, 먼저 간 장남을 떠올려야 했던 어머니의 심정은 어떠했을까?

우리 사국이는 금년이 마흔둘인데 서른다섯에 죽었답니다. 오늘이 음력으로 삼월 스무나흘날이지요? 내일모레가 우리 사국이 제삿날인데 구걸해다 먹고사니 제사를 지낼 수가 있어야지요. 작년도 재작년도 제사를 못 지냈어요. 제사 한 번 지냈으면······[20]

죽은 아들의 나이를 헤아리는 안국당의 절절한 슬픔이 전해온다. 이 기사는 김사국·박원희 부부의 유일한 딸인 김사건이 곤궁하나마 외조모의 보살핌 속에서 건강하게 자라고 있다고 덧붙였다. '사건(史建)'. 딸의 이름이 예사롭지 않다. 자식의 이름에는 부모의 욕망이 깃들기 마련이다. 자식의 평안과 부귀영화를 바

사회주의 활동가이자 김사국의 부인 박원희 모습

김사국의 죽음을 보도한 《동아일보》 1926년 5월 28일자.

김사국·박원희 부부와 딸 김사건

《조선일보》 1933년 5월 4일자(석간).

라는 건 세상 모든 부모의 인지상정이다. 하지만 이 혁명가 부부는 딸의 안녕과 부귀 대신에 "역사를 세우다"라는 엄숙한 소명을 이름에 담았다.

'史建'에서는 자신들의 딸이 올바른 역사의 주체가 되기를 바라는 마음과 더불어 고통받는 민중과 함께 해방의 역사를 만들어가겠다는 부부의 다짐도 느껴진다. 이들이 일궜던 서울청년회는 1929년 8월 31일 해체되었으며, 서울파도 공산주의 전위당으로서의 정체성을 상실하고 분해되었다. 하지만 이 비극의 혁명가 가족이 1920년대 식민지 조선에 뿌린 운동의 씨앗들은 이후 해방의 아름드리나무로 자랐다.

김사국·김사민 형제는 민족독립운동의 투사이자 한국 사회주의운동의 개척자였다. 정치적 억압과 경제적 착취에 고통받는 동족들을 식민 지배의 쇠사슬에서 해방시키려 한 형제의 삶은 존경받아 마땅하다. 분단과 냉전을 거치며 한국 사회는 사회주의자들에 대한 역사적 평가에 인색했다. 이번 세기에 들어서 김사국·김사민 형제와 박원희가 독립유공자로 서훈되고, 대전 현충원에 안장된 것은 뒤늦었지만 다행스러운 일이다. 그들의 딸 '史建'만이 아니라 우리 사회가 이 가족을 기억해야 할 책임이 있다.

'아카'에서 '빨갱이'로 혁명가 남매의 비극

김형선·김명시·김형윤

붙잡힌 '조직과 도피의 귀재'

1933년 7월 15일 자정, 인천경찰서 수사대는 오랫동안 뒤쫓던 사상(思想) 관계 불령선인(不逞鮮人)의 은신처를 급습했다. 이들이 노린 것은 지하운동의 배후인 김형선(金炯善, 1904~1950)이었다. 하지만 그곳에는 스무 살의 홍운표라는 청년뿐이었다.[1] 포위망을 벗어난 김형선은 버스에 올라 영등포로 향했다. 영등포에서 오류동까지 걸어간 그는 다시 기차를 타고 소사로 갔다. 아마도 인천을 거쳐 상하이로 갈 생각이었던 듯하다. 소사부터는 다시 걸었는데 김포로 잘못 들어섰다.

숨기에도 탈출에도 더 편하다고 판단했던 걸까? 고민하던 김형선은 다시 경성으로 돌아가기 위해 승합자동차에 올라탔다.

김형선·김명시·김형윤

하지만 경인가도에는 이미 촘촘한 포위망이 기다리고 있었다. '조직과 도피의 귀재' 김형선은 결국 불심검문에 걸려 체포되었다. 일제 경찰은 경성과 신의주 그리고 선천 등지에서 다잡은 김형선을 이미 세 차례 놓친 바 있었다. 혹여 다시 놓칠까 악명 높은 특별고등과 주임 미와 와사부로(三輪和三郎)가 직접 오토바이로 김형선이 탄 수송차를 호위했다.[2]

도대체 김형선이 누구길래 일제 경찰이 눈에 불을 켜고 찾았던 걸까? 당시 《동아일보》는 김형선이 식민지 조선의 사회주의 운동사에서 차지하는 위상을 이렇게 적었다.

김형선은 제2차 공산당 사건 이후 기보한 바와 같이 계속하여 엄중한 경계망을 어렵지 않게 돌파하고 들락날락 5차나 하면서 유명한 사건마다 배후에 숨어 지도를 하야왔으되 한 번도 경찰에 피검되어 경찰서 문안에 들어서본 일이 없었다. 그 까닭에 경찰 측에서는 근 10년을 두고 그를 검거코저 백방으로 고심하였으나 목적을 달치 못하고 있다가 이번에 검거한 것이다.
다른 사회운동자들은 대개가 한두 번씩 검거되어 복역들을 한 관계로 그 사람의 성질과 기타의 관계를 알고 있는 까닭에 무슨 사건 하면 그 사건에서 무슨 취조를 진행하게 되므로 그다지 힘이 들지 아니하나 김형선에 있어서는 관계된 사건은 첩첩이 많되 한 번도 취조하야보지 못하였으므로 취조의 단서가 제1차

공산당 사건 이후 오늘까지에 이르는 동안 해내(海內)·해외에서 계속한 지하운동을 전부 들추어나게 된다 한다. 이 사람의 취조는 해내·해외를 통하야 조선 사회운동의 역사를 들추어냄과 다름이 없을 것이라 한다.[3]

일제 경찰이 김형선을 그토록 잡고 싶어 했던 까닭을 알 수 있는 대목이다. 박헌영이나 이재유(李載裕)만큼 널리 알려지진 않았지만, 김형선은 식민지 조선의 사회주의운동에서 뛰어난 조직가 중 한 사람이었다. 제1차 조선공산당에 참여한 이래로 10여 년 동안 국내외를 종횡하며 각종 사건을 배후에서 지도했다. 일제 경찰은 여러 가명을 사용한 그의 존재를 인지하고 어떻게든 체포하려고 벼르던 참이었다.[4] 위 기사에서처럼 김형선의 10여 년의 행적은 '조선 사회(주의)운동의 역사'와 다름없었다.

김형선은 1904년 5월 7일에 경상남도 마산포 언덕배기의 빈민촌에서 태어났다. 아버지를 일찍 여의고, 생선 행상을 하는 어머니 김인석 밑에서 4남매가 자랐다.[5] 그중에서 맏이인 김형선을 비롯하여 김명시(金命時, 1907~1949)와 김형윤(金炯潤, 생몰년 미상) 3남매가 식민지 해방 투쟁으로 감옥살이를 했다. 김형선은 1917년 마산공립보통학교를 졸업하고 마산공립간이농업학교에 입학했다. 하지만 학비를 내지 못해 한 학기 만에 중퇴하고 점원과 부두노동자로 일했다. 이후 마산창고회사의 서기로 5년여 동

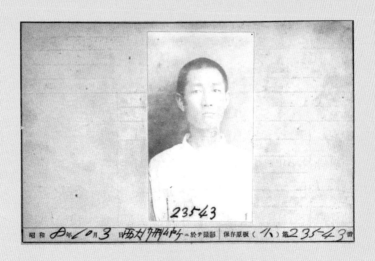

김형선의 일제감시대상인물카드

1933년 10월 3일 서대문경찰서에서 촬영한 모습이다. 국사편찬위원회 소장.

안 일하다가 실직하고, 1926년부터《조선일보》마산지국을 경영했다.

김형선은 노동자로 일하면서 마산청년회·마산노동회·마산해륙운수노동조합 등에 가입해 집행위원 등으로 활동했다. 노동운동과 관련을 맺으며 사회주의 사상을 받아들인 김형선은 1924년 8월 5일에 마산공산청년회를 결성하고 같은 달 17일에는 마산공산당을 조직했다. 1925년 4월 조선공산당이 창립하자, 이 두 조직은 조선공산당과 고려공산청년회의 마산 야체이카(세포) 조직으로 각각 재편되었다. 김형선은 제1차 조선공산당 사건에 연루되어 검속되었지만 금방 풀려났다.

1926년 6월 제2차 조선공산당 검거가 시작되자, 그는 상하이로 피신했다. 1927년 1월에 광둥성 광저우(廣州)의 중산대학(中山大學)에 입학했다가 곧 상하이로 돌아와 1928년 중국공산당에 가입했다. 중국공산당 장쑤성(江蘇省)위원회 법남구(法南區) 한인지부에 배속되어 한때 책임자로 일하기도 했다. 1929년 6월에는 재중국본부한인청년동맹에 가입했으며, 그해 10월 구연흠, 홍남표, 조봉암 등과 함께 상하이에서 유호한인독립운동자동맹(留滬韓人獨立運動者同盟) 결성에 참여하여 활동했다.

'소' 같은 사내, 조선에서 공산당 재건을 꿈꾸다

1930년 7월 중국공산당은 김형선에게 특별한 임무를 하달했다. 상하이에서 맡은 일을 정리하고 김단야와 협력하여 조선에서 운동을 조직하라는 명령이었다. 왜 이런 명령이 내려졌을까? 1925년에 결성된 조선공산당은 1926년에 코민테른으로부터 정식 지부로 인정받았다. 하지만 1928년 코민테른 6차 대회에서 조선공산당의 지부 승인이 취소되었다. 코민테른 동양부는 지금까지의 조선 사회주의운동을 비판하고 조선공산당 재건을 직접 지도하고 나섰다.

'12월 테제'라고 알려진 〈조선 농민과 노동자의 임무에 대한 테제〉는 코민테른이 조선공산당 승인을 취소한 이유를 알려준다. 코민테른은 '사회주의적 소부르주아 지식인으로 당을 구성한 점'과 '노동자와 연대가 부족했던 점'을 조선공산당 위기의 원인으로 진단했다. '분파투쟁'을 청산하고 혁명적 노동조합·농민조합 등을 통해 기층 대중(프롤레타리아 계급)에서 공산주의 세포를 형성하여 아래로부터 조선공산당을 재건하는 기본 방침을 제시했다.

'9월 테제'와 '10월 서신'으로 알려진 프로핀테른(적색노동조합인터내셔널)과 범태평양노동조합 비서부의 문서도 조선공산당 재건운동의 방침에 큰 영향을 끼쳤다. 1921년에 창립된 프로

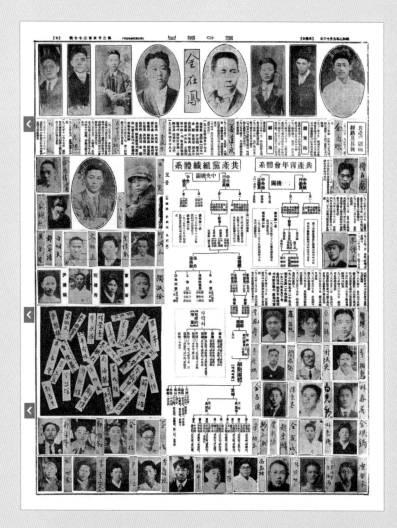

1925년 결성된 제1차 조선공산당(책임비서 김재봉)의 조직도

검거 당시에는 보도되지 못하다가 《동아일보》 1927년 9월 13일자(7면)에
뒤늦게 보도되었다. 분파주의 등의 비판도 받았지만,
여러 세력의 참여 속에 결성된 최초의 조선공산당이었다.

핀테른과, 그 산하에서 태평양 연안의 운수노동자연합을 토대로 1927년 상하이에서 출범한 범태평양노동조합은 조선의 사회주의자들에게 '프롤레타리아트의 굳건한 혁명적 당'이 없는 상황에서 혁명적 노동조합이 반드시 필요하다는 것과 노동자 조직을 위한 출판 활동을 강조했다.

이런 변화 속에서 조선의 사회주의자들은 코민테른과 프로핀테른의 테제와 서신을 운동의 원칙과 실천 지침으로 받아들였다. 과거 여러 분파에 속했던 활동가들이 앞다투어 재건운동에 나섰다. 코민테른 동양부는 재건운동에 나선 '서울상해파'와 'ML파' 등을 혁명운동에 해로운 분파로 간주하고 그 영향력을 제거하는 데 힘썼다. 더 나아가 코민테른은 재건운동을 직접 지휘했다. 사상의 중심인 기관지 창간을 계획하고 편집국원을 선임했으며, 출간비용도 제공했다.

이렇게 탄생한 것이 잡지 《콤뮤니스트》이다. 코민테른의 지시로 상하이를 거점으로 활동한 김단야를 비롯한 당재건 운동가들을 '콤뮤니스트 그룹'이라고 한다. 노동 현장의 세포 조직을 중시했던 '콤뮤니스트 그룹'은 공장 안에 '콤뮤니스트 독서반'을 조직하여 독서반에 가입한 선진노동자를 조직가와 지도자로 성장시키려 했다. 그들은 '콤뮤니스트 독서반'을 기반으로 만든 지역 당조직들의 연결망을 구축하여 지역 위원회를 세우고 이를 토대로 조선공산당을 재건하고자 했다.[6]

이러한 사명을 부여받은 김단야와 김형선은 향후의 활동 방향과 역할을 분담했다. 김형선은 1931년 2월 조선공산당 재건운동의 국내 거점을 마련하기 위해 조선으로 들어갔다. 김단야가 상하이에서 간행한 《콤뮤니스트》와 격문, 팸플릿 등을 국내로 보내면 김형선이 이를 배포하고 노동자를 조직했다.

처음에는 안동과 신의주에 마련된 연락 거점을 통해 잡지를 받았다. 상하이에서 《콤뮤니스트》 150부가 연락책인 독고전(獨孤佺)을 통해 김형선에게 전달되었다. 하지만 이런 다량의 운반은 위험하고도 어려웠기 때문에 원본을 가져와 국내에서 인쇄하기로 했다. 코민테른의 지시로 '콤뮤니스트 그룹'에 합류한 김형선의 여동생 김명시가 1932년 3월 중순 《콤뮤니스트》 4호 원본과 격문들을 트렁크 뚜껑에 숨겨 국내로 반입했다. 김형선은 경성과 인천 등지에서 출판물의 배포망을 만들며 활동했다. 김명시도 인천의 제사공장과 성냥공장의 여성 노동자들을 조직했다. 이들은 메이데이를 맞이하여 잡지와 격문 등을 뿌리며 선전전을 벌였다. 그러던 중 이 그룹의 활동이 발각되어 남매는 해외로 탈출을 시도했다. 김형선은 간신히 상하이로 탈출하는 데 성공했지만 김명시는 신의주의 국경을 넘기 직전 압록강 부근에서 고등경찰에 체포되고 말았다.[7]

여동생 체포의 슬픔과 자신을 잡으려 혈안이 된 일제 경찰의 집요한 추적을 무릅쓰고 김형선은 불굴의 의지로 다시 국내와

김형선·김명시·김형윤

상하이를 오가며 활동을 이어갔다. 1932년 7월 당시 '콤뮤니스트 그룹'은 조선 안에 20개 안팎의 세포단체를 조직했고, 성원은 90명이었다. 1920년대 조선공산당 규모에는 미치지 못했지만, 더욱 강화된 경찰 감시망에 맞선 비합법조직이라는 점을 감안해 보면 결코 적은 수가 아니었다.[8] 김형선 혼자만의 힘은 아니지만, 그의 책임 아래 이루어진 성과였다.

당시 그의 동지들은 김형선을 '소'라는 애칭으로 불렀다. 한없이 선량해 보이는 눈을 가지고 있으면서도 우직하게 운동에 임하는 그의 성품에 빗대어 붙여진 별명일 것이다. 동전(東田) 오기영(吳基永)도 자기 형제들의 수난 기록인 《사슬이 풀린 뒤》에 친형 오기만과 함께 활동한 김형선을 만난 인상을 기록했다. 오기영은 처음 만난 김형선이 마치 소처럼 "볼수록 온순하고 다정한 사람"이었지만, 신념을 쏟아놓을 때에는 "그 온순하고 부드러운 얼굴에는 홍조가 돌고 눈에서 불이 이는 듯"했다고 떠올렸다. 김형선은 오기영에게 "남동생은 부산 감옥에, 여동생은 신의주 감옥에 있어. 그래서 아마 나는 잡히면 서대문 감옥에 있게 될 것만 같"다고 "재미있는 공상처럼"[9] 말했다.

김형선의 예감은 곧 슬픈 현실이 되었다. 여동생 김명시는 신의주 감옥에 있었고, 남동생 김형윤도 마산에서 이승엽과 비밀 결사인 '볼세비키사'를 만들어 잡지 《볼세비키》를 제작·배포하면서 노동자를 조직해 적색노동조합을 만들려다가 체포되어 형

김형윤의 일제감시대상인물카드 1931년 2월에 촬영한 모습. 국사편찬위원회
소장.

을 살고 있었다.[10] 결국 김형선도 붙잡혀 서대문형무소에 갇히면
서, 세 남매가 흩어져 동시에 부산·경성·신의주 감옥에서 징역
살이를 하는 비극적 운명에 처하게 된다.

김형선은 8년 형을 선고받고 그 형기를 모두 채웠다. 일제 관
헌은 수감 중인 그에게 전향을 강요했지만 그는 끝끝내 거부했
다. 형기는 만료되었지만, 김형선은 '전향하지 않은 죄'로 다시
'예방구금'되어 풀려나지 못했다. '경성 트로이카'로 활동했던
이재유 역시 구금이 지속되어 결국 청주교도소에서 죽음을 맞았

김형선·김명시·김형윤

서대문형무소에서 풀려난 애국지사들

1945년 8월 16일 오전 서대문형무소에서 출감한 독립운동가들과 군중이
'조선독립 만세'를 외치고 있다. 이 군중 속에서 14년여 만에 풀려난
김형선도 해방의 기쁨을 만끽하고 있었을 것이다.

다. 그러나 이재유와 달리 김형선은 끝내 살아남아 해방을 맞았
다. 햇수로 14년여의 감옥 생활에서 벗어나 해방된 나라에서 자
유로운 몸이 된 그의 심경은 어땠을까?

　그러나 해방의 감격은 금세 잦아들었고 그는 다시 고난의 길
에 들어섰다. 해방 이후 김형선은 조선공산당 결성에 참여하여
조직국원이 되었고, 민주주의민족전선의 중앙위원으로 선출되
었다. 남조선노동당(남로당) 결성대회에서 의장단으로 선임되었
으며, 남로당 중앙감찰위원회 부위원장으로 활동했다. 이 시기
그는 미군정 치하에서 되살아난 식민지 시절의 경찰들에게 체포
되어 구금되는 신세가 되었다.[11] 1950년 9월 한국전쟁 때 사망한
것으로 전해지고 있다.

'조선의 잔 다르크', 여장군 김명시의 삶과 죽음

1949년 10월 11일자 《경향신문》은 한 여성의 자살 사건을 보도
했다.

　일제 시 옌안(延安) 독립동맹원으로서 18년 동안을 독립운동
　을 했으며 해방 직후에는 부녀동맹 간부로 있었으며 현재 북로
　당 정치위원인 김명시(43)는 수일 전 국가보안법 위반으로 부

평경찰서에 구속되었었다 하는데 유치된 지 이틀 만에 철창 속에서 목을 매어 자살을 하였다 한다. 즉 그는 구속되자 동 경찰서 내 독방에 구류되었는데 간수의 눈을 피하여 유치장 벽을 통한 수도 '파이프'에 자기의 치마를 찢어서 걸어놓고 목을 걸고 앉은 채로 자살한 것이라 한다. 이 급보를 접한 서울지검에서는 오제도, 선우종원 양 검사가 현장을 검증하였는데 자살로 판명되었다 한다.[12]

자살의 정황은 상세했지만, 사람들은 김명시의 자살에 의혹을 품었다. 의혹이 사라지지 않자 당시 내무부장관 김효석은 기자회견에서 이렇게 답했다. "본적을 경남 마산시 만동 189번지에 두고 현주소 서울시 종로구 유상동 16번지에 사는 무직 김명시(42)라는 여자로, 그는 국가보안법 위반으로 지난 9월 29일 서울시 경찰국에서 부평경찰서로 유치 의뢰한 것으로 지난 10일 오전 5시 40분경 자기의 상의를 찢어서 유치장 내에 있는 3척 높이되는 수도관에 목을 매고 죽은 것이다."[13]

그러나 내무부장관의 답변으로 의혹이 해소되기는커녕 더 많은 의문을 불러일으켰다. 그에 따르면, 김명시는 서울시 경찰국에 체포되었다가 부평서로 옮겨졌다. 당시는 좌익에 대한 고문이 공공연하던 시절이었다. 김명시는 어쩌면 경찰서에서 고문을 받다 죽은 것일지도 모른다. 설령 스스로 목숨을 끊었다 해도 그에 이르게 한 어떤 외적 충격과 계기가 있었다고 보는 게 타당하다. 이런 의심을 하는 까닭은 죽은 사람이 다른 이가 아니라 김명시였기 때문이다.

'국가보안법을 위반한 42세의 무직 여자'라는 김명시에 대한 내무부장관의 건조한 설명은 사실 지독한 모욕에 가까웠다. 불과 4년 전에《동아일보》는 그녀를 "조선의 잔 다르크"라 치켜세웠고,[14] '여장군 김명시'로 칭송되며 조선 민중의 열렬한 환영을 받았던 영웅이었다. 김명시는 어떤 삶을 살았기에 대중이 그리 열광했을까? 그녀의 육성으로 직접 들어보자.

1925년에 공산대학엘 들어갔습니다. 그리고 27년도에 파견되어 상하이로 와보니 장개석(蔣介石) 씨의 쿠데타가 벌어져서 거리마다 공산주의자의 시체가 누었더군요. 거기서 타이완, 중국, 일본, 비율빈(필리핀), 몽고(몽골), 안남(베트남), 인도 등 각국 사람들이 모여서 동방피압박민족반제자동맹을 조직하고 또 그 이면에서는 중공한인특별지부 일도 보게 되었습니다. 28년에 무정(武亭) 장군을 강서(江西)로 떠나보내고 그다음해 홍남표 씨와 만주에 들어가서 반일제동맹을 조직했습니다. 그때 마침 동만(東滿) 폭동이 일어나서 우리는 하얼빈 일본영사관을 치러 갔습니다. 그다음 걸어서 헤이룽강을 넘어 치치하얼을 거쳐 톈진, 상하이로 가던 때의 고생이란 생각하면 지긋지긋합니

김형선·김명시·김형윤

김명시 《동아일보》 1933년 9월 26일자 기사
〈조선공산당재건 사건 조봉암 등 공판개정〉
에 실린 사진이다.

다. 상하이에 가니까 김단야, 박헌영 제씨가 와 계시더군요. 그
다음 나는 인천으로 와서 동무들과《콤뮤니스트》,《태평양노조》
등 비밀기관지를 발행하다가 메이데이 날 동지들이 체포당하
는 판에 도보로 신의주까지 도망을 갔었는데 동지 중에 배신자
가 생겨서 체포되어 7년 징역을 살았습니다. 스물다섯 살에서
서른두 살까지 나의 젊음이란 완전히 옥중에서 보낸 셈이죠.[15]

　자신을 찾아온 기자에게 밝힌 자기 이력 중 한 대목이다. 열아
홉 살 때 모스크바의 동방노력자공산대학(東方勞力者共産大學)
에 유학한 일부터 신의주 감옥 시절까지 그의 삶의 경로가 술회
되어 있다. 김명시는 1924년 마산공립보통학교를 졸업하고 경성
배화여학교로 유학을 떠났다. 오빠 김형선의 후원 덕분이었다.

　　　　　　　　　　8 '아카'에서 '빨갱이'로, 혁명가 남매의 비극

하지만 곧 김형선이 실직하는 바람에 1년 만에 학교를 그만두었다. 이즈음 김명시도 고려공산청년회에서 활동했으며, 1925년 10월 고려공산청년회 유학생으로 선발되어 소련의 동방노력자공산대학으로 향했다.

한국 사회에 영향을 끼친 근대 지식의 중요한 통로가 바로 중국과 소련이다. 조선의 많은 청년이 베이징과 상하이, 그리고 소련의 교육기관에서 근대적 지식을 습득했다. 1921년에 개교한 동방노력자공산대학도 근대 한국에 큰 영향을 끼친 교육기관이다. 이 대학은 코민테른 산하 공산주의 혁명가 양성기관이었다. 소련 내 소수민족과 아시아 여러 나라 출신 학생들이 입학했으며, 식민지 조선에서 온 학생들은 조선학부에서 공부했다.

1924년 당시 동방노력자공산대학에는 조선인 120명이 재학하고 있었다.[16] 김명시는 권오직, 김조이, 고명자, 김희원 등 고려공산청년회에서 선발한 유학생 21명 중 한 명이었다. 대학에서는 '스베틸로바'라는 러시아식 이름을 사용했다.[17] 김명시는 입학한 지 1년 만인 1926년에 대학을 중퇴했다.[18] 코민테른은 그녀를 상하이로 보내 운동의 현장에 투입했다. 중국공산당에 입당한 그녀는 홍남표, 조봉암 등과 장쑤성위원회 한인지부에서 일했다. 이어서 동방피압박민족반제자동맹을 조직하고 1929년에는 홍남표와 함께 만주로 가서 반일제동맹을 결성했으며, 1930년 간도 일대에서 일어난 동만폭동 때에는 무장대와 함께 하얼

김형선·김명시·김형윤

동방노력자공산대학(왼쪽 건물) 모스크바 푸시킨 광장에 위치했던 동방노력자
공산대학은 1938년 문을 닫았다. 출처 : globalsouthstudies.as.virginia.edu

빈 일본영사관을 공격했다. 그리고 다시 상하이로 돌아와 '콤뮤
니스트 그룹'에 합류한 것이다.

앞서 살펴본 것처럼, 김명시는 1932년 3월 중순《콤뮤니스트》
잡지와 격문을 가지고 국내에 잠입해 국내 총책인 오빠 김형선
에게 전달하고 인천 등지를 중심으로 활동했다. 메이데이 선전
전이 발각된 후 김명시는 동방노력자공산대학 동창이자 동지인
고명자에게 40원을 받아 국경으로 향했다. 그리고 신의주에 잠
입하여 국경을 넘어서기 직전 백마강역 부근에서 체포되었다.[19]

조직의 연락책이었던 독고전의 배신 때문이었다.[20]

이렇게 체포된 그녀는 '조선공산당 재건 사건'의 주모자로 몰려 6년 형을 선고받았다. 예심 기간 1년을 포함하여 스물다섯에서 서른두 살까지 꼬박 7년의 청춘 시절을 차디찬 신의주 감옥에서 보냈다. 신의주 감옥은 수많은 독립운동가들이 혹독한 추위로 고초를 겪은 곳이다. 김명시와 함께 재판을 받은 조봉암은 이곳에서 손가락 일곱 마디를 동상으로 잃었다. 김명시도 발에 동상을 입어 죽을 고생을 하면서 옥살이를 견뎌냈다.

1939년 만기 출소한 김명시는 주저 없이 국경을 넘어 전선에 합류했다. 중국공산당 팔로군에 입대해 싸우다가 상하이에서 함께 활동했던 무정의 연락을 받고 조선의용군에 합류하여 화북지대 여성부대 지휘관으로 최전선에서 전투와 선전전을 벌였다. 또 1942년 결성된 '조선독립동맹'의 베이징·톈진 책임자로 일하며 허정숙과 여성동맹을 꾸리고 조선의용군을 모집하는 활동을 했다. 해방이 되자 그녀는 평양으로 간 대다수 독립동맹원과 달리 경성으로 돌아왔다.

이후 김명시는 조선부녀총동맹 선전부 위원으로 활동했고, 1946년 2월에는 민주주의민족전선 결성에 참여하여 중앙위원으로 선출되었다. 이후 남조선여성동맹 선전부장 등으로 활동하다가 좌익에 대한 탄압 국면에서 석연치 않은 죽음을 맞이한 것이다. 일본 경찰의 고문에 의해 임신 중인 아이를 유산했을 때도 좌

김형선·김명시·김형윤

절하지 않았고, 신의주 감옥의 혹독한 추위도 이겨낸 불굴의 투사였던 김명시. 그런 그녀가 유치장에서 목을 맸다는 것은 믿기 어려운 일이었다.

그녀에 대한 대중의 칭송이 최고조에 이르렀던 해방 직후, 그녀를 취재하는 기자에게 김명시는 "열아홉 살 때부터 오늘까지 21년간의 나의 투쟁이란 나 혼자로선 눈물겨운 적도 있습니다마는 결국 돌아보면 아무 얻은 것 하나 없이 빈약하기 짝이 없는 기억뿐입니다."[21]라고 토로했다. 이 말은 마치 지나친 겸양처럼 들릴지도 모른다. 하지만 김명시는 남들이 뭐라고 하든 제 갈 길만을 걸어온 혁명가였다. 그녀의 토로는 스스로의 힘으로 이루지 못한 해방과 혁명에 대한 아쉬움과 그것을 이루겠다는 결의가 아니었을까?

'빨갱이'라는 냉전의 주술을 넘어서

김형선·김명시·김형윤 남매들은 수난의 삶을 살았고 그 최후도 비극적이었다. 부천경찰서에서 불행한 죽음을 맞은 김명시의 운명도 슬프지만, 김형선과 김형윤은 어디서 어떤 최후를 맞았는지조차 알 수가 없다. 이 남매들이 묻힌 곳 또한 확실치 않다. 일제에 맞서 싸우다 14년을 감옥에 갇혔던 김형선, 7년의 수감 생활을 견디고 다시 거친 대륙의 전선에서 총을 들고 직접 일제와 6년여를 싸웠던 김명시 등의 가열한 투쟁을 생각하면 참으로 참혹한 운명이 아닐 수 없다.

세 남매는 왜 이런 비참한 운명에 직면했던 것일까? 해방의 감격은 잠시뿐이었다. 곧이어 미·소 냉전이 시작되고 한반도의 분단이 고착되면서 그들이 사회주의자라는 이유만으로 일본 제국주의와 벌였던 투쟁의 가치마저 부정되었다. 김명시를 '국가보안법을 위반한 무직의 여자'라고 설명하는 당시 내무부장관의 회견에서부터 이미 예감되듯이, 한국 사회에서 이 남매들의 독립투쟁은 잊히고 '빨갱이'라는 낙인만 남았다. 그렇다고 이들이 북한에서 특별한 대접을 받았던 것도 아니다. 신문 기사는 김명시를 '북로당 정치위원'이라고 보도했지만, 북로당 창립 당시와 2차 당대회 정치위원 명단에 김명시라는 이름은 보이지 않는다.[22]

이 남매들은 '빨갱이'가 아니라 사회주의자였다. 그들은 조선의 독립을 열망했고, 투쟁을 통해 되찾을 새로운 나라가 빈곤과 차별, 불평등을 극복하고 진보적 복지국가가 되기를 열망했다. 그들은 8시간 노동제, 소작제의 혁파, 학교 교육의 민주화 등을 주장했으며 이를 위한 동력을 사회주의에서 찾았던 혁명가들이었다. 그들의 투쟁은 독립운동의 큰 줄기를 이루었고, 꿈꾸었던 급진적 이상들은 알게 모르게 한국 사회를 진보시키는 데도 일조했다.

김형선·김명시·김형윤

한국 사회에서는 식민지 조선의 어둠에 맞서 싸웠던 투사들을 사회주의자였다는 이유로 외면해왔다. 아니, 단지 외면만 한 것이 아니라 '빨갱이'라는 이름으로 그들을 악마화했다. 김형선은 법정에 나왔을 때 "목덜미까지도 여월 대로 여위고 심문을 받을 때는 섰는 것조차 힘이 들고 숨이 차는 듯"했다. 사회주의자들을 '아카(빨갱이)'라 부르면서 고문하는 일제의 특고(특별고등검찰)들에게 "잡혔을 때 열두 시간을 계속하여 고문을 당했"²³기 때문이다. 김명시와 김형윤도 다르지 않았을 것이다.

김형선과 김명시는 해방된 조국에서 다시 경찰에 붙잡혀 취조를 당하는 신세가 되었다. 일제 특고에서 대한민국 경찰의 옷으로 갈아입은 이들이 그들 앞에 섰다. 김명시의 죽음이 타살인지 자살인지는 명확치 않지만, 스스로 목숨을 끊었다면 아마도 자신을 '아카'라고 부르던 자들로부터 다시 '빨갱이' 소리를 들으며 고통당하는 그 치욕을 견디기 어려웠기 때문일 것이다. 분단과 전쟁을 거치며 한국 사회에서는 '빨갱이'라는 주술이 횡행했다. 독재에 저항하고 민주화를 염원한 수많은 사람이 '빨갱이' 소리를 들으며 고문당하며 죽었다. 모두에게 묻고 싶다. '빨갱이'란 무엇인가? '빨갱이'는 고문당하다 죽어도 되는 존재인가?

9

혁명가 집안에서 나고 자란 혁명가 형제

오기만·오기영·오기옥

'명가'에 대한 단상

종종 명가(名家)라는 말을 접할 때가 있다. 명가란 명망이나 문벌이 좋은 집안을 일컫는다. 전통사회에서라면 학덕 높은 선비와 출사한 관료를 많이 배출한 집안이 명가일 것이다. 출세가 그 기본조건이라면 오늘날에도 명가들은 차고 넘칠지도 모르겠다. 법조 엘리트를 계속 배출하는 법조 명가, 2세·3세로 이어지는 재벌가, 지역구와 권력을 이어가는 정치인 집안 등. 하지만 그 실상은 명가라기보다는 부와 권력을 세습하는 기득권 집단인 경우가 대부분이다.

명가란 단지 세속적 성공을 이룬 집안에 붙일 말이 아니다. 그 이름은 공동체에 대한 헌신과 희생의 삶을 살아간 이들에게 주

오기만·오기영·오기옥

어져야 마땅하다. 이를테면 재산과 목숨을 독립운동에 쏟아부었던 우당 이회영의 6형제, '사방 백 리 안에 굶어 죽는 사람이 없게 하라'는 가훈에 따라 헐벗은 자들을 구휼하고, 독립운동에 막대한 경제적 지원은 물론 목숨까지 바친 최부잣집 최준·최완[1] 형제 등의 집안은 '명가'라는 이름에 합당한 경우이다.

격동의 시대였던 만큼 근대 한국에서 명가의 기본조건은 '고난'과 '절제'와 '투쟁'이라고 해도 그리 틀리진 않을 듯하다. 이런 관점에서 보자면, 한국 사회에는 알려지지 않은 수많은 명가가 존재한다. 오기만(吳基萬, 1905~1937)·오기영(吳基永, 1909~?)·오기옥(吳基鈺, 1919~1950?) 형제의 집안도 그중 하나다. 이들은 황해도 배천(白川)군에서 잡화상을 운영하던 오세형(吳世炯)과 윤인의(尹仁義) 사이에서 태어났다.

이 집안의 고난과 투쟁 그리고 자긍의 원점에는 3·1운동이 자리한다. 형제들의 아버지 오세형은 배천의 만세 시위를 준비한 주모자 중 한 명이었다. 잡화와 학용품을 파는 그의 가게는 동네에서 가장 큰 사랑방이었다. 그곳에서 마을 사람들은 숨죽여 태극기를 그렸고, 어린 형제들은 종이 태극기를 깃대에 풀질해 붙였다. 3월 30일 배천 장날, 드디어 만세 소리가 터졌다. 시위에 나선 많은 이들이 붙잡혔다. 대부분 태형을 맞고 풀려났지만, 오세형은 해주 감옥에 이송되었다.

3·1운동의 열기가 잦아들던 12월 무렵, 이 집안의 둘째 아들

9 혁명가 집안에서 나고 자란 혁명가 형제

인 열한 살의 오기영은 동급생 네 명과 함께 장날 시위를 모방한 만세 시위를 일으켰다. 학교에서 태극기를 만들어 장터로 뛰어나간 소년들에게 장꾼들이 동조해 만세를 불렀다. 곧바로 헌병 분견대에 붙잡혀간 아이들은 교사 김덕원을 엮어 넣으려는 헌병 보조원의 고문에 못 견뎌 거짓 자백을 하고 말았다. 이에 김덕원은 8개월의 징역을 살아야 했고, 소년 오기영은 그 굴복의 부끄러움을 내내 곱씹게 된다.

부끄러움에 휩싸인 또 다른 소년이 있었다. 열다섯 살의 오기만은 네 살이나 어린 동생만도 못한 자신을 책망했다. 이에 친구들과 만세 시위를 계획하던 중 발각되어 오기만을 비롯해 30여 명의 소년이 해주 감옥으로 이송되었다. 훗날 조선과 중국을 종횡무진 누빈 혁명가 오기만의 첫 투옥이었다. 오세형과 두 아들이 해주 감옥과 옌안(延安)의 헌병 분견대에서 고초를 겪는 와중에, 윤인의는 "장차 또 감옥에 가야 할 운명을 걸머진" 막내 아들 오기옥을 낳았다.[2]

오기만·오기영·오기옥 형제뿐만이 아니었다. 형제의 매부인 사회주의 활동가 강기보(康基寶, 1905~1935)도 고려공산청년회에서 활동하다 검거되어 감옥에서 얻은 폐병으로 죽었다. 형제의 막내 누이이자 강기보의 아내인 오탐열도, 당질인 오장석도 감옥에서 해방을 맞았다. 그들의 사상은 조금씩 달랐지만, 사슬에 묶여 고통받는 식민지 민중의 해방을 위해 싸우다가 죽거나

오기만·오기영·오기옥

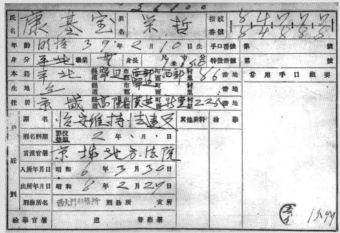

강기보의 일제감시대상인물카드

오기만의 막내 누이 오탐열의 남편인 강기보는 평안북도 영변 출생으로,
일찍 부모를 여의고 고아원에서 자랐다. 고려공산청년회 평안남북도책으로
선임되었으며, 1931년 치안유지법 위반으로 2년 형을 받고 1933년 만기
출소했으나 고문과 수감 생활 후유증인 폐결핵으로 처가가 있는 배천에서
사망했다. 사진은 1931년 9월 20일 서대문형무소에서 촬영한 모습이다.
국사편찬위원회 소장.

투옥되어 고초를 겪었다. 이제부터 이 혁명가 집안의 형제들이 걸어갔던 고난과 투쟁의 삶을 함께 들여다보자.

노예의 삶을 거부한 혁명아 오기만

해주 감옥에서 고초를 겪고 나온 소년 오기만은 1920년 경성 배재고등보통학교로 유학을 떠났다. 3·1운동 때 경험한 장터 만세 시위와 제2의 만세 거사를 모의하다 발각되어 겪은 수형 생활은 소년을 정치적으로 각성시켰다. 식민지 현실에 눈을 뜬 오기만은 지배자의 규율을 강요하는 학교 교육에 대해 점점 적개심을 갖게 되었다. 형을 뒤따라 경성으로 유학 와서 함께 하숙하던 동생 오기영에게 오기만은 중국으로 망명하겠다며 그 까닭을 이렇게 설명했다.

사나이가 한번 세상에 났다가 큰맘을 먹어봐야 하지 않겠느냐. 그런데 조선 안에서는 큰맘을 먹어야 소용이 없고 큰맘을 기를 수도 없어! 늘 하는 말이지만 조선 안의 교육은 결국 일본놈의 심부름꾼을 만드는 것밖에 없어! 중국 넓은 천지로 가서 일본식이 아닌 교육을 받고, 거기 있는 우리 망명객들의 지도를 받고 그럭해서 나는 장차 독립운동에 몸을 바칠 생각이다. 내가

오기만·오기영·오기옥

가서 먼저 길을 닦아놓을 께니 너두 나이 좀 더 먹거던 오도록 하라구.[3]

'조선 안의 교육은 결국 일본놈의 심부름꾼을 만드는 것'이라며 '큰맘을 기를 수' 있는 식민지 밖의 넓은 천지로 떠나겠다고 선언한 이 소년은 겨우 열일곱 살이었다. 남다른 기상이 느껴진다. 님 웨일즈의 《아리랑》으로 널리 알려진 김산(장지락)은 열다섯의 나이에 혁명가의 길에 나섰고, 태항산의 '마지막 분대장'으로 유명한 옌볜의 저명한 작가 김학철도 열일곱 살에 보성고등보통학교를 박차고 중국으로 건너가 조선민족혁명당에 가입해서 활동을 시작했다.

식민지의 현실이 조숙한 소년들에게 더 큰 세상을 꿈꾸도록 자극을 주었던 듯하다. 오기만은 블라디보스토크에서 유학 온 친구 이남식의 여행증에 자신의 사진을 붙이고, 하숙비와 밥값 등 70원을 들고 중국으로 떠났다. 1922년 4월 무렵이었다. 이후 그는 2년여 동안 면학을 목적으로 베이징, 난징, 상하이 등을 전전했다. 그는 베이징사범대학 부속 하기(夏期)학교 및 안창호가 설립한 난징의 동명학원 영어과 등에 입학했으나 모두 중도에 그만두었다.

오기만은 학교 공부는 그만두었지만 좌익 문헌을 탐독하는 한편 "그 지역의 민족주의자, 공산주의자 등과 교우를 한 결과 조선의 독립 및 공산화를 갈망"[4]하게 되었다. 그러던 중 가세가 기울자 고향으로 돌아와서 부친을 도와 황무지를 개간해 과수원을 일구는 일을 했다. 경찰은 3·1운동 때 시위를 모의했고 중국에서 생활하다 돌아온 오기만을 감시하고 괴롭혔다. 때때로 이유 없이 유치장에 가두고 술 취한 고등계 주임이 몽둥이질을 하기도 했다.[5]

그럴수록 마음속 울분과 혁명에 대한 의지는 커져갔다. 그는 신간회 배천(白川)지회 설립 준비위원회의 일원으로 설립대회 당일에 배포할 '삐라'를 준비하는 등의 활동을 하다가 연백경찰서에 검속되어 고초를 겪고 해주지방법원에 송국되어 50원 벌금형에 처해졌다.[6] 감옥에서 나온 오기만은 다시금 중국 망명을 결심한다. 신문 기자가 된 동생 오기영이 만주 안둥현(지금의 단둥)까지 배웅했다. 말없이 배갈을 나눠 마신 형제는 펑톈(奉天)행과 부산행 기차를 타고 각자의 길로 향했다.

두 번째 중국 망명 이후 오기만이 걸어간 투쟁의 행로를 경찰 조서를 통해 확인해보자.

위 사람은 올해 5월 6일 상하이 총영사관 경찰부로부터 신병 이송을 받아 취조한 바, 소화 4년(1929) 1월 중순부터 소화 6년(1931) 6월 중순경까지 상하이에서 동지 김형선, 정태희, 김단야, 오대근, 김구, 선우혁, 이동녕, 안창호, 구연흠, 최창식, 조

오기만·오기영·오기옥

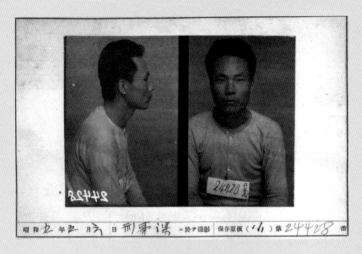

오기만의 일제감시대상인물카드

1934년 5월 6일 형사과에서 촬영한 오기만의 모습(위)과
같은 해 9월 27일 서대문형무소에서 촬영한 모습(아래)을
비교하면 혹독한 취조 과정이 그려지는 듯하다.
국사편찬위원회 소장.

봉암, 조용암, 한위건, 이한림, 곽헌, 이민달, 황훈, 여운형, 홍남표, 좌혁상, 김명시 등의 공산주의자 또는 민족주의자와 연락했다. 중국공산당 장쑤성 법남구 한인지부 상하이청년동맹, 유일독립당 상하이촉성회, 유호한국독립운동자동맹, 국제공산당 원동부 등에 관계했다. 조선 내에서는 소화 6년 6월 하순 입국한 후 동년 7월 15일 경성부 남대문에서 당시 김단야의 명에 따라 조선 내의 적색노동조합을 조직하고자 경성에 들어와 있던 동지 김형선과 수차례 회합하여 협의를 거듭한 결과, 소화 7년(1932) 1월 상순 진남포로 넘어가 일명 김찬인 전극평(全克平) 및 한국형, 심인택 등과 연락하여 적색노동조합 진남포부두위원회를 결성하는 활동을 지속하던 중, 동지의 다수가 검거되자 신변의 위험을 느껴 평양에서 잠복하고 정세를 관망하다가 소화 8년(1933) 7월 16일 동지 김형선이 체포되었다는 신문 기사를 보고 달아나, 신의주를 빠져나와 철도로 펑톈 산해관을 경유하여 상하이로 와서 동지 오대근을 통하여 조선 내의 활동 상황을 중국공산당 본부에 보고한 사실이 명확한 것으로써, 6월 28일 치안유지법 위반으로 관할 경성지방법원 검사에 송치한 것이다.[7]

동생과 헤어진 오기만은 대륙을 가로질러 동아시아 혁명가들의 집합소였던 상하이로 향했다. 그는 중국공산당 산하의 한

오기만·오기영·오기옥

인 반제조직인 '상하이한인청년동맹'의 집행위원장이 되었다. 1929년 10월 26일 결성된 '유호한국독립운동자동맹'에도 참여했다. 이러한 활동 중 오기만은 1931년 6월 초순경 코민테른 원동부(遠東部) 부원인 김단야로부터 김형선과 협력하여 조선 내 적색노동조합을 만들라는 지시를 받았다. 즉, 오기만은 앞서 살펴본 '콤뮤니스트 그룹'의 일원이 되었다.

오기만의 국내 활동은 김형선과 그의 여동생 김명시의 투쟁과 삶을 그리며 이미 살폈던 '콤뮤니스트 그룹'의 조선공산당 재건운동의 동선과 겹친다. 오기만은 적색노동조합인터내셔널의 기관지《프로핀테른》200부를 휴대하고 1931년 7월 15일 경성에서 김형선과 만나 국내 활동을 시작했다. 그는 진남포에서 부두 노동자 생활을 하며 김찬 등과 함께 노조와 적색독서회를 조직했고,[8] 평양 면옥노동자 총파업에 관계하는 등 각종 노동운동의 배후에 있었다.

하지만 1933년 국내 조직의 책임자 김형선이 체포된다. 오기만은 가까스로 상하이로 탈출했지만, 중국공산당 본부에 조선에서의 활동 상황을 정리한 보고서를 네 차례에 걸쳐 제출하고 활동 지시를 기다리던 중 체포되고 말았다.[9] 1934년 상하이에서 경성으로 압송된 오기만은 5년 형을 선고받고 항소를 포기해 기결수가 되었다. 혹독한 고문과 서대문형무소의 열악한 환경은 불과 1년여 만에 축구선수였으며 육체노동으로 단련된 오기만을

9 혁명가 집안에서 나고 자란 혁명가 형제

폐결핵에 걸린 중환자로 만들었다.

죽어서야 나온다는 서대문형무소의 병감인 '오방(五房)'에 입감되었던 오기만은 회생 불가능한 몸이 되어서야 병보석으로 풀려났다.[10] 동생 부부의 헌신적인 간호도, 병자의 변덕과 짜증을 묵묵히 받아낸 늙은 부모의 보살핌도 그를 살려내지는 못했다. 삶에 대한 강한 애착과 죽음의 절망 사이에서 오는 격정을 거친 뒤, 담담히 죽음을 맞으면서 자신의 운명을 애달파 하는 어머니에게 남긴 오기만의 마지막 몇 마디 말은 가슴을 저리게 한다.

> 내가 어머니헌테 몹쓸 녀석이었소. 허지만 어머니 한 분만 이런 꼴을 보는 게 아니예요. 조선 사람 중에 이런 사람이 많아요![11]

'민족의 비원(悲願)'인 '자유조국을 위하여'

동생 오기영의 삶을 살펴보자. 오기영은 형의 뒤를 따라 배재고등보통학교에 입학했다. 그는 이미 열한 살 나이에 만세 시위를 벌였고 혹독한 고문의 쓰라림을 맛본 조숙한 소년이었다. 민족의 현실에 일찍 눈뜬 소년 오기영의 당시 심경이 담긴 시를 함께 읽어보자.

오기만·오기영·오기옥

정처 없이 날아오는/꽃 잃은 나비야!/작은 꽃송이나마/너의 눈에 아니 보이더냐//가는 곳도 모르게/날아가는 나비야!/작은 꽃송이나마/너의 눈에 아니 보이더냐//악마 같은 비바람/네가 찾는 그 꽃에!/사정없이 침노해/너의 눈에 아니 보였다//[12]

열다섯 살에 쓴, 활자화된 그의 첫 번째 시 〈꽃 잃은 나비〉다. 화자는 '악마 같은 비바람'에 사라진 꽃을 찾아 '가는 곳도 모르게' '정처 없이' 헤매고 있는 나비를 가여워한다. 소년은 자신과 민족의 현실을 나비에 빗댄 듯하다. 소년 시절부터 그는 민족의 슬픈 현실에 마음 아파했다. 오기영도 배재고등보통학교 3학년 때 가세가 기울자 학업을 중단하고, 중국에서 돌아온 형과 함께 부친의 과수원 일을 도우며 마을에 소년회를 조직하여 활동했다.

비록 학교는 그만두었지만 배움까지 손 놓은 건 아니었다. "세계가 대학"이라는 마음으로 노동했고 책을 읽었으며, 사람으로부터 배웠다. 스스로 사유하고 문제의 대안을 만들려 고민했다. 1926년 11월 열여덟 살의 오기영은 《동아일보》 배천지국의 수습 사원이 되었다. 신문사에서 주최한 "우리의 급무는 산업이냐? 교육이냐?"라는 주제로 열린 현상토론회에서 수상했으며, 배천청년회의 위원과 회장으로도 활동했다. 1928년 3월 17일에는 《동아일보》 평양지국에 기자로 입사했다.

스무 살 햇병아리에 학력도 변변치 않았지만 곧 그는 빼어난 취재 역량과 글쓰기 능력을 입증하며 민완(敏腕)의 사회부 기자로 자리 잡는다. 이 시기 오기영은 〈세간에 주목 끄는 용천 쟁의 진상〉(7회), 〈평양 고무 쟁의 진상〉(7회) 등 노동자·농민의 투쟁 현장과 〈황해수리조합은 당연히 해산하라〉(3회) 같이 식민지 모순이 중첩한 현장을 심층 취재한 르포를 보도했다. 이러한 탐사 보도와 더불어 깊은 사유에서 우러난 통찰력 있는 칼럼도 선보였다.

오기영은 식민지의 현실을 보여주는 각종 연구와 통계 자료를 적극 활용해 글을 썼다. 그렇지만 책상 위 숫자만으로 식민지의 고통을 모두 드러낼 수는 없었다. 그는 늘 현장에 가서 민중의 목소리를 들었고 독자에게 그들의 말을 직접 들려주었다. 을밀대에서 시위를 벌인 '체공녀' 강주룡의 인터뷰 기사가 대표적이다.[13] 강주룡의 육성으로 그녀의 삶의 이력은 물론 평원고무공장 파업의 원인과 과정, 그녀가 을밀대의 '체공녀'가 된 까닭과 결연한 주장을 직접 전달했다.

오기영은 민족을 깊이 사랑했지만, 그의 민족애는 쇼비니즘과는 거리가 멀었다. 이와 관련하여 〈평양 폭동 사건 회고〉는 강조할만한 글이다. 중국 지린성 만보산에서 조선인과 중국인 사이에 벌어진 유혈사태가 과장 왜곡되어 보도되자, 평양 부민들이 중국인들을 학살하는 사건이 일어났다. 오기영은 "검열관의 가위를 될 수 있는 데까지 피하면서"[14] 평양 부민들이 화교들을 공

오기만·오기영·오기옥

격한 과정과 참혹상을 생생하게 전달했다. 기사를 따라가보자.

1931년 7월 5일 밤, 어린아이 10명이 중국인 요정 동승루에 돌을 던지며 사건이 시작되었다. 곧이어 어른들도 돌을 던지기 시작했다. 여기에 중국인이 조선인을 살해했다는 유언비어가 기름을 부었다. 2, 300여 명씩 무리를 지은 1만여 명의 군중이 평양부의 중국인 학살에 나섰다. 경무국 발표에 따르면 사망자 119명, 중상 163명, 생사불명 63명의 중국인 화교가 살상당했다. 오기영은 이 사태를 평양 군중이 "반항 없는 약자에게 용감하였던 것"[15]이라고 요약한다.

오기영의 조선 민족에 대한 사랑은 맹목이 아니라 보편과 이성에 근거한 것이었다. 그는 "유아와 부녀의 박살난 시신이 시중에 산재한" 야만과 광란의 평양의 밤을 동포들에게 알리며 통곡하는 심정으로 자성을 촉구했다. 이런 그의 정치적 이념을 무엇이라고 불러야 할까?

오기영은 1929년 10월 평양에서 수양동우회에 입단했다. 알다시피 안창호 노선을 따르는 이 모임은 '신조선건설'을 지향한 동우회로 개편되었다. 그러다가 관련 지식인 181명을 검거한 동우회 사건으로 1937년 6월 11일에 오기영도 체포되었다.

1937년 7월 10일 기소유예로 풀려났지만, 사건의 여파로 그는 《동아일보》에서 해고당한다. 안창호가 서대문형무소에서 병보석으로 출소하여 경성제국대학 병원에서 투병하는 3개월 동안

오기영의 모습 1947년 10월 5일 흥사단 제2차 국내대회에 참석한 오기영(빨간 동그라미 부분)의 모습이다. 흥사단 소장.

오기영은 그의 곁을 지키며 간호했다. 안창호가 운명하자 조각가 이국전(李國銓)과 함께 도산의 데스마스크(death mask)를 떴지만 일본 경찰에 발각되어 압수당하고, 검사국의 취조를 받기도 했다. 일제 경찰은 민심의 동요가 두려워 안창호 장례에 가족 외 참석을 불허했지만, 오기영은 경찰에 거세게 항의해 고당 조만식과 더불어 도산의 영면을 배웅할 수 있었다.[16]

오기만·오기영·오기옥

수양동우회 사건에 연루된 오기영 수양동우회 사건을 다룬 경성지방법원 검사국 편철 문서인 '동우회관계자 검거 및 취조에 관한 건', 〈경고특비(京高特秘) 제1373호의 2〉. "△인(印)은 경성수양동우회 조직자. 본적 주소 등 미기재한 내용은 현재 취조 중"이라고 적혀 있는데, 취조 명단에서 오기영(빨간 네모 부분)을 확인할 수 있다. 독립기념관 소장.

　식민지 말기에는 동생 오기옥이 결혼식을 치른 지 일주일 만에 치안유지법으로 투옥되었다. 어릴 때부터 오기영의 집에서 자랐고 경성제국대학 법문학부까지 졸업시킨 자식 같은 동생이었다. 친일파에게 머리 숙이고, 신념을 버리고 전향한다면 풀려날 수도 있었을지 모른다. 그렇지만 오기영은 결혼한 지 일주일 만에 남편을 빼앗긴 제수씨에게 자신이 구명운동에 나서더라도 동생은 결코 자기 신념을 배반하지 않을 거라며 이렇게 덧붙인다.

신의를 버린 뒤에 사는 목숨은 설사 몇 백 년 산다 하드라도 썩어빠진 목숨입니다. 물론 가엾은 아주머니를 생각하거나 늙으신 어머니를 생각하거나, 옛날과 달라 감옥살이도 어렵다는 판국에 약질인 아우를 생각하면 나도 가슴이 아픕니다마는 한 일년 뒤에는 이것도 다 지나간 얘깃거리밖에 안 될 겁니다.[17]

오기영의 예상처럼 몇 달 뒤 해방을 맞이했다. 동생 오기옥과 감옥에 있던 막내 여동생 오탐열, 그리고 사촌 형의 아들인 오장석이 풀려나왔다.[18] 그렇지만 해방 이후의 상황은 식민지 시기의 고난을 '지나간 얘깃거리' 삼아 지낼 수 있는 평안한 나날이 아니었다. 미·소의 분할 점령과 분단의 고착화로 이 가족의 수난은 계속되었다. 오기영은 경성전기주식회사에 입사해 해방 조선의 산업에 기여하고자 했다. 그는 경성전기의 인사과장, 총무부장, 업무부장으로 일했다.

하지만 오기영은 뼛속 깊이 문필가였다. 해방기의 혼란을 겪으며 그는 당시의 국제 정세와 국내 정치, 사회상과 생활상을 담은 정치평론과 칼럼을 각종 지면에 발표했다.《민족의 비원》,《자유조국을 위하여》,《사슬이 풀린 뒤》,《삼면불》 등 해방공간에서 출간한 그의 책 네 권에는 점점 고착되어가는 분단과 암울한 민

해방 이후 오기영이 출간한 네 권의 책 《자유조국을 위하여》,《사슬이 풀린 뒤》,《삼면불》은 1948년 성각사에서,《민족의 비원》은 1947년 서울신문사에 서 발간했다.

족 현실에 대한 통찰 그리고 이를 타개하기 위한 우국지정이 담 겨 있다. 하지만 한반도는 결국 분단되었고, 1949년 6월 그는 월 북했다.

다시 쓰일 '사슬이 풀린 뒤'를 꿈꾸며

오기영이 어떤 생각으로 월북했는지는 정확히 알려져 있지 않 다. 다만 1949년 6월이라는 월북 시점에 주목해볼 필요가 있다. 이 무렵은 법조 프락치 사건, 국회 프락치 사건이 연달아 터지고, 좌익인사 전향 및 교화를 표방하는 '국민보도연맹'이 조직된 시

기다. 한국판 '레드 퍼지'가 확산되었고, 좌익에 참여했던 이들 뿐만 아니라 좌우합작 및 중도파 노선을 견지했던 이들까지도 전향을 요구받았다. 좌우합작과 중도파적 노선을 추구했던 오기 영은 이런 상황에 절망하고 위협을 느낀 듯하다.

오기영은 양심과 상식, 상호 존중을 바탕으로 여러 정치 세력 들이 어우러져 통일된 민족국가를 세워야 한다고 생각했다. 그 는 동우회와 흥사단원으로 활동하며 안창호의 정치 노선을 따랐 던 민족주의자로 사상적으로는 우파였다. 그렇지만 그는 공산주 의자인 형과 매부의 혁명 정신을 이해했고 물심양면으로 도왔 다. 그의 경험 속에서 민족과 인민에 대한 사랑이 있는 민족주의 자(우익)와 사회주의자(좌익)는 결코 적대적이지 않았다. 좌우합 작은 그의 경험에서 우러나온 노선이었다.

하지만 미국과 소련이라는 세계 최강의 외세와 연결된 좌우의 극단적 정파에 의해 한반도는 점점 적대와 분단의 상황으로 치 달았다. 극심한 이데올로기의 대립 속에서 우익은 좌익을 '극렬 분자', '빨갱이'라 저주했고, 좌익은 우익에게 '반동분자'라는 증 오의 꼬리표를 붙였다. 서로 혐오와 절멸의 언어를 주고받으면 서도 극좌와 극우는 좌우합작을 추구한 중도파들을 '기회주의 자'로 몰아세우는 데에는 합심했다. 오기영을 기회주의자로 모 는 것도 성에 안 찼는지 급기야 공산주의자라고 떠드는 이들도 생겼다.

오기만·오기영·오기옥

1948년 8월 20일 '네 번째의 8·15를 지내고 닷새 뒤'에 쓴 《사슬이 풀린 뒤》의 서문에서 오기영의 당시 심정을 엿볼 수 있다. "전날에 내 형을, 내 매부를 죽게 하였고, 내 아버지를, 나를, 내 아우를, 내 조카를 매달고 치고, 물 먹이고 하던 그 사람들에게 여전히 그러한 권리가 있는 세상"[19], 다시 친일 경찰들이 득세하는 세상을 그는 용납하기 어려웠다. 그는 "뒷날에 정말 해방이 오거든 또 한번 《사슬이 풀린 뒤》를 써야 할 까닭이 있다"[20]고 적었다.

1949년 6월 무렵 오기영이 서 있던 자리는 점점 위태로워졌다. 또한 형과 매부가 "그들이 공산주의자였다는 사실만으로써 그들의 혁명가적 가치는 무시되게끔" 된 "슬픈 세상"[21]을 받아들이기 어려웠을 것이다. 결국 북한으로 간 그는 조국통일민주주의전선의 중앙위원으로 활동했다. 조국통일민주주의전선은 이전의 민주주의민족전선이 단정 수립 이후 확대 재편된 조직이었다. 어쩌면 그의 월북과 중앙위원 활동은 임박한 전쟁을 막으려는 안간힘이었는지도 모른다.

오기영이 월북 즈음에 쓴 〈미소 양국 인민에 보내는 공개장 제1부: 미 인민에 보내는 글월〉에서 그런 심정을 느낄 수 있다. 그는 한반도를 두고 벌인 일본과 러시아 간 과거 전쟁과 현재의 상황을 대비시키며 만약 "조선에서 전화가 일어나면 그것은 수시간 이내에 전 지구상에 전화를 확대시킬 가능성이 있으며 미소 양국 인민을 포함한 인류 전체의 사멸을 초래할 무서운 전쟁이 벌어질 것"[22]이라고 경고했다. 그것은 미국과 소련의 인민뿐 아니라 한반도의 정치가와 민중에게도 보내는 호소였다.

오기영이 쓴 해방기의 문장을 읽으며, 또 그의 월북을 보면서 많은 생각이 떠오른다. 극좌와 극우가 헤게모니를 장악하면서 서로에 대한 증오와 절멸의 언어들이 난무했던 해방기를 지나 한국전쟁을 거치며 남북한은 이념적 다양성이 사라진 경직된 사회가 되었다. 독재와 권력자에 대한 개인숭배, 불합리한 정치에 대한 정당한 비판까지도 반국가 범죄와 이적 행위로 단죄되었다. 냉전의 이분법적 진영 논리에 의해 이성에 토대한 세계인식과 사유는 제약받았다.

요즘 퇴임을 앞둔 메르켈 독일 총리에 대한 저널리즘의 찬사가 한창이다. 동독 출신으로 통일 독일의 총리가 된 그의 업적은 개인의 뛰어난 역량도 있지만, 서로를 절멸의 대상으로 여겼던 적대에서 벗어나 대화와 존중의 정치·사회적 문화를 회복했기에 가능한 것이었다. 우리는 여전히 '분단의 사슬'에 얽매여 살고 있다. 이념은 다르지만 상호 존중과 소통이 가능한 진정한 '자유조국을 위하여' 우리는 스스로의 힘으로 이 사슬을 풀어내야만 한다.

오기만·오기영·오기옥

10

선우순과 선우갑

악인전, 매국적과 창귀

대한민국임시정부의 처단 대상이 된 형제

1919년 2월 8일 오전 10시 일본 도쿄의 조선인 유학생들은 분주했다. 그들은 이광수가 쓰고 일본어와 영어로 번역한 독립선언서와 결의문, 민족대회소집청원서를 각국 대사관과 공사관, 일본정부 대신, 국회의원, 조선총독부, 일본 신문사와 잡지사 등에 부쳤다. 이어서 오후 2시경, 도쿄 조선기독교청년회관에 조선인 유학생 600여 명이 모였다. 최팔용이 사회를 보고 백관수가 2·8독립선언문을, 김도연이 결의문을 낭독했다. 곧바로 일본 경시청 고등과 형사들이 들이닥쳐 주동자들을 콕 찍어서 체포했다.

그 유명한 도쿄 2·8독립선언 당일의 풍경이다. 3·1운동의 도화선이 된 이 사건 주역들의 면면을 설명하는 것은 새삼스러운

선우순과 선우갑

느낌이 있다. 그럼에도 여기서 당시 상황을 묘사한 까닭은 독립 선언 주역들 틈에서 특별한 활약(?)을 했던 한 조선인 때문이다. 그의 이름은 선우갑(鮮于甲, 1893~?). 일본 경시청 고등과 경부보(警部補)였던 그는 도쿄의 조선인 유학생 감시를 맡아 암약한 밀정이었다. 일본 형사들은 선우갑의 손가락이 지목하는 유학생들을 차례로 포박했다.

대한민국임시정부는 1920년 2월 "마땅히 죽여야 할 일곱 가지 대상〔七可殺〕"으로 ①적의 수괴(敵魁), ②매국적(賣國賊), ③창귀(倀鬼), ④친일 부호, ⑤적의 관사(官史)된 자, ⑥불량배, ⑦모반자를 공표했다.[1] 여기에 나란히 이름을 올린 형제가 있었다. "독립을 반대하고 적의 국기 하(下)에 재(在)하기를 주장하는" 매국적인 형 선우순(鮮于鉤, 1891~1933)과 "독립운동의 기밀을 적에게 밀고하거나 지사를 체포하며 동포를 구타"하는 창귀(밀정, 형사)인 동생 선우갑이다.

선우순·선우갑 형제는 어쩌다 이런 악한이 되었을까? 문학은 밀정에게서도 삶의 복잡성과 개연성을 탐색하려 한다. 이를테면 박경리의 대하 장편소설《토지》에 김두수라는 밀정이 나온다. 몰락 양반 김평산은 재산을 탐해 '최 참판댁' 하녀 귀녀와 함께 당주 최치수를 살해한다. 그 음모가 드러나 김평산이 처형당하고 그 아내 함안댁은 수치심에 자살한다. 그 아들인 김거복(김두수)은 부모의 죽음에 대한 원한과 공동체에 대한 비뚤어진 원망으

10 악인전, 매국적과 창귀

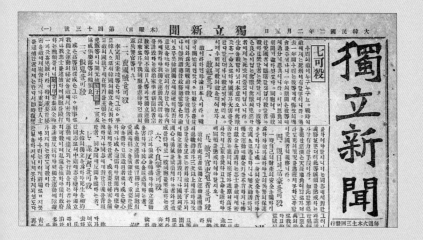

〈칠가살〉

대한민국임시정부에서 발행한《독립신문》1920년 2월 5일자에
7가지 부류의 처단 대상이 공표되었다.
二, 三 항목에 선우순·선우갑의 이름이 보인다.
대한민국역사박물관 소장.

로 밀정이 된 것으로 그려지고 있다.

악명 높은 친일파 박춘금(朴春琴, 1891~1973)의 삶에서도 공동체에 대한 원한이 감지되곤 한다. 신분이 비천했던 소년 박춘금은 대구 병영(兵營)에서 급사를 지내다 일본으로 건너가 직공, 광부, 노무자 등 밑바닥 삶을 전전했다. 야쿠자와 인연을 맺으며 거물 폭력배가 된 그는 조선인 노동자들의 교화와 구제를 표방하며 상애회(相愛會)를 조직했지만, 오히려 일본인 기업주 편에서 조선인 노동자를 억압하고 착취했다.

간토대지진 때에는 자발적으로 조선인 노동봉사대를 결성하여 시체 처리 등 복구 작업을 맡았다. 일설에 따르면 박춘금은 대지진의 혼란 중에 일본 '천황'이 사는 황거 앞에서 빗자루를 들고 지진 먼지를 쓸었다고 한다. 이처럼 기민한 처세에서 느낄 수 있는 성공에 대한 강한 의지는 그를 1932년과 1937년 일본 중의원 선거에서 연거푸 당선된 최초의 조선인으로 만들었다. 심지어 그는 자신의 하나뿐인 아들도 지원병으로 내보냈다. 그에게 일본은 조선왕조에서 천대받던 최하층민이 권력자가 될 수 있는 길을 열어준 진보한 근대 국가로 여겨졌을 것이다.

김두수와 박춘금 같은 부류가 반민족적 악인이 된 내적 계기를 살피려는 태도가 불편하게 느껴질지도 모르겠다. 하지만 '핑계 없는 무덤 없다'라는 속담처럼 '어둠의 자식들'인 밀정과 악명 높은 친일파 들도 자신들의 행위에 대한 나름의 합리성을 주

10 악인전, 매국적과 창귀

장한다. 이들 삶의 궤적을 종합적으로 살피고 제대로 비판할 때
에야 열악한 환경에서도 조선 민중의 행복과 독립을 위해 헌신
한 영웅들의 비범함을 드러낼 수 있다고 믿는다. 이제 매국적과
창귀가 된 악인 형제의 삶을 살펴보자.

사이토 총독의 고급 정탐, 선우순

1924년 잡지 《개벽》 12월호에는 〈함흥과 원산의 인물백태(人物
百態)〉라는 기사가 실렸다. 함흥과 원산 출신 명사들을 차례로
설명하다가 한 친일 인사를 소개할 순서에 이르자 기자는 "친일
자 중에서도 친일자이니까 평양의 선우순같이 불문에 부(付)하
고"[2]라며 설명을 생략했다. 이처럼 선우순은 당대 대중에게는 굳
이 설명이 필요 없는 친일파의 대명사였다.

　선우순은 1891년 3월 24일 평안남도 평양에서 태어났다.
1908년에 안흥의숙을 졸업하고[3], 1910년 11월 보성전문학교 법
과를 졸업했다. 1909년에는 서북·관서·해서 지역 인사들이 만든
애국계몽단체인 서북학회에서 활동했다. 당시 열아홉 살 선우순
은 박은식이 주필로 있던 서북학회 기관지 《서북학회월보》에 6
회에 걸쳐 〈국가론의 개요〉를 연재했다.[4] 루소의 사회계약론을
비롯해 근대국가에 관한 당시의 다양한 이론을 개략적으로 소개

　　　　　　　　　　　　　선우순과 선우갑

하는 내용이었다.

1931년에 출간된 《조선신사록(朝鮮紳士錄)》에 따르면, 선우순은 1908년 8월 《대한매일신보》 기자로 입사해 1910년 3월에 퇴사했다. 이때까지만 해도 청년 선우순은 서북 지방의 쟁쟁한 선각자들과 함께 대한제국을 근대국가로 탈바꿈하려는 애국계몽운동의 대의에 동참하고 있었다. 《대한매일신보》를 퇴사한 1910년 3월 무렵부터 선우순은 일본인이 창간한 《평양신문》에서 일하기 시작했다. 선우순의 친일화는 아무래도 이즈음부터 시작된 것으로 보인다.

1912년 6월에는 매일신보사 평양지국 주필이 되었다.[5] 이 무렵 그는 식민지 선교를 목표로 일본조합기독교회가 1911년 평양에 세운 기성(箕城)교회에 출입했다. 이때 일본조합기독교회의 조선전도부 관계자의 도움으로 도시샤대학 기독교신학과에 유학한다. 1915년 4월 졸업하고 돌아온 그는 기성교회의 전도사가 되어 일본조합교회 전도에 앞장섰다.[6]

선우순이 '직업적 친일분자'가 되어 본격적이고 노골적인 친일 활동을 시작한 것은 3·1운동 직후부터다. 그는 1919년 4월 3·1운동의 확산을 막기 위해 일본조합기독교회 주도로 전개된 '대시국특별운동' 서선(西鮮) 방면 책임자로 활동했다. '배역유세단(排逆遊說團)'을 만들어 전국을 돌면서 만세운동에 참가하지 말 것을 종용했고, 중추원의 지방 유력자 모임 등에서 조선 독

선우순 〈양심상 가책이 무(無)하다〉,《동아
일보》1922년 2월 16일자.

립이 불가능하다는 논지로 강연을 했다. 이어서 민원식(閔元植)
등이 경성에서 조직한 국민협회와 함께 1920년대의 대표적 친일
단체였던 대동동지회(大東同志會)를 창립했다.

　대동동지회는 평안남도지사 시노다 지사쿠(篠田治策)의 비호
아래 1920년 10월 26일 독립사상이 강한 평안남북도에서 친일
세력을 부양하기 위해 설립되었다. 선우순이 회장을 맡은 대동
동지회는 평양에 본부를 두고 경성에 지부를 설치했으며, '내선
융화'와 '공존공영'을 위한 사상 선전 활동에 주력했다. 대동동
지회는 공존공영의 논리에 부합하는 친일분자를 육성하기 위한
일본 유학 사업과 교육기관 설립, 그리고 각 지방의 순회강연 활

　　　　　　　　　　　　　　　선우순과 선우갑

동을 활발히 전개했다.[7]

3·1운동 이후 사이토 마코토 조선총독은 조선인의 민족운동에 대한 대책으로 친일세력을 만드는 작업에 치중했다. 그는 직업적 친일분자들을 키워 이용했다. 사이토는 그들을 직접 면담하고 기밀비를 뿌렸다.[8] 선우순은 1919년 8월부터 1926년 12월까지 사이토 총독을 119회 면회했는데 조선인 중에서 최다 면회자였다. 귀족 가운데 총독 면회가 가장 잦았던 송병준도 58회로 선우순의 총독 면회 횟수의 절반에 불과했다.[9]

선우순은 공개적인 친일파였으며, 사이토 총독이 키우는 고등 정탐이었다. 총독과의 면담에서 그는 조선 지식인과 종교계 동향을 설명하고, 〈조선의 최근 상황과 대응책(朝鮮ノ最近ト對應策)〉이라는 보고서를 제출했다. 조선의 민족운동에 대응하기 위해서 그는 "고등 정탐의 능란함을 활용하여 주모자 등의 내정을 파악해 미연에 방지"하고 "각 지방 도·부·군참사와 면장 가운데 유력자를 이용하여 지방의 인민에게 망동자의 유혹에 빠지지 않도록 충분히 권유"[10]하는 등의 사상 선전을 제안했다.

선우순은 '내선일체(內鮮一體)'라는 용어를 처음 사용한 인물이기도 하다. 1927년 〈내선일체론에 대하여〉라는 글에서 그는 "내선인이 마치 잉글랜드와 아일랜드 혹은 웨일스와 같이 서로 한 덩어리가 되어서 대륙 방면으로 발전하고 세계적으로 웅비하는 방법은, 조선을 독립시켜 소위 삼천리강산과 2천만 인구로써

10 악인전, 매국적과 창귀

나가기보다는 일본과 하나가 되어 넓은 면적과 7천만 인구로 나가는 방법이 확실히 유리할 것"[11]이라며 '내선일체'를 주장했다. 그는 이런 친일의 대가로 중추원 주임관 대우 참의와 평양부협의원 등을 지냈다.

구한말 애국계몽운동 청년 지사에서 '직업적 친일분자'가 된 선우순에게도 나름의 평계가 있을 것이다. 그는 불가능한 독립의 기대로 민중에게 고통을 주느니 강한 일본과 하나가 되어 '공존공영'의 길을 걷는 것이 조선이 행복해지는 길이라고 주장했다. 그는 일본 측에도 유럽이 아프리카나 아시아의 식민지에 대해 취했던 폭압적인 방식이 아니라 여러 지역이 한 몸이 된 영국과 같은 형태의 '내선일체'를 이루는 것이 바람직하다며 그들의 이해와 동정을 구했다.

이러한 논리는 1920년대의 자치론과 참정권 논의를 거쳐 1930~1940년대로 이어지는 전형적인 친일 담론의 회로였다. 그런 주장을 하는 이들 모두가 조선 민중의 복리를 이유로 내세웠다. 그런데 민중의 행복을 위한 불가피한 친일이라는 논리가 일말의 진정성이 있다면, 적어도 현실에서 고통받는 조선 민중에 대한 연민과 애정이 느껴져야 한다. 하지만 선우순의 삶에서는 조선 민중의 복리를 앞세운 주장과는 정반대로 민중에 대한 패악질을 확인할 수 있을 뿐이다.

1922년 2월과 3월에 걸쳐 여러 신문이 평양발 사기 사건을 대

〈대동동지회장이 인력거군에게 피소〉기사 《동아일보》1924년 2월 28일자.

대적으로 보도했다. 보도를 종합하면 이러하다. 대동동지회장 선우순이 위세를 이용해 '독립단'의 안주(安州) 지단장 홍이도 (洪彝道) 외 여러 명을 가출옥시켜주겠다며 금품을 뜯어냈다가 사기죄로 피소되었다. 일본인 검사는 그를 기소하려 했지만, 조선총독부의 비호로 결국 불기소 처분되었다.[12] 이 사건이 일어난 두 해 뒤 그는 '인력거 삭전 청구 소송'으로 다시 사람들의 입에 오르내린다.[13]

선우순은 4개월여 동안 박만성의 인력거를 자가용처럼 타고 서는 300여 원의 삯을 지불하지 않았다. 박만성이 삯을 치르라고 재촉하자 150원만 주고는 시치미를 떼버린다. 박만성은 어쩔 수 없이 소송을 걸었고 궐석재판에서 승소했지만, 선우순은 판결에 '이의(故障) 제기(申立)'를 하여 소송을 원점으로 되돌렸다. 일본의 옛 민사소송법은 궐석으로 패소한 자가 이의 제기를 하면 소송을 궐석 전의 상태로 돌려 재판을 다시 진행하게 했다.[14] 법을 잘 모르는 민중을 괴롭혔던 민사소송법의 독소 조항이었다.

박만성은 하루 벌어 하루 사는 인력거꾼이었다. 여러 달 재판에 끌려다니느라 벌이도 못 하고 소송비용으로 고통받았다. 문득 채만식의 소설《태평천하》가 떠오른다. 이 소설은 만석꾼 부자 윤 직원 영감이 실랑이 끝에 인력거 삯을 5전 에누리하고 더 못 깎아서 분해하는 장면에서 시작한다. 윤 직원 영감의 추태 정도는 애교로 보일 만큼 법을 악용해 인력거꾼을 괴롭힌 선우순은 말 그대로 악한이었다. 40대 중반의 이른 그의 죽음은 인과응보의 뜻을 새삼 곱씹게 한다.

동아시아를 넘나든 밀정 선우갑의 해악

'난형난제(難兄難弟)'라는 말이 있다. 우열을 가리기 어려울 만큼 출중한 형제를 일컫는다. 이 말을 반대의 경우로도 쓸 수 있다면, 선우순과 선우갑은 친일과 악행에서 난형난제라 할만하다.

선우순과 선우갑

선우갑 〈무수한 한국 지사를 원수에게 찾아준 선우갑〉,《신한민보》1920년 7월
29일자.

선우갑은 선우순의 두 살 터울 동생으로, 1893년 평양에서 태어
났다. 그의 성장 배경과 학력은 알려진 바가 거의 없다. 그가 일
본의 고등계 형사와 밀정이 된 데에는 형 선우순의 영향이 컸을
것이다. 그렇지만 두 형제의 활동 범위는 매우 달랐다.

　선우순은 일본 유학을 다녀온 뒤로는 평양을 중심으로 조직을
만들어 전국적인 친일파로 명성(?)을 쌓았다. 그가 주도한 대동
동지회의 본부도 평양에 있었고, 간부 중에는 서북학회와 신민
회 등에서 애국지사로 활동하다 친일파가 된 평안도 인사가 많
았다. 독립운동 진영에 안창호를 중심으로 한 서북파가 있었다

면, 친일파에도 기호파 친일집단에 경쟁심을 가진 서북계 친일파가 존재했던 셈이다.

평양에 거점을 둔 정주형(定住形) 친일파인 형 선우순과 달리, 동생 선우갑은 일본, 중국, 미국 등지를 종횡한 이동형 밀정이었다. 2·8독립선언 사건이 일어난 지 8개월여 뒤《신한민보》는 "일본 동경 경시청 형사로 우리 유학생을 고생시키던 선우갑이란 놈은 비밀히 상하이로 건너가 일본 여관에 숙박하면서 무슨 일인지 계획한다더라"[15]라고 전했다. 대한민국임시정부의 초대 경무국장 김구는 당시 선우갑을 잡았다 놓친 경위를《백범일지》에 이렇게 기록했다.

경무국장 시절 고등 정탐꾼 선우갑을 유인하여 포박, 신문한 일이 있었다. 그는 죽을죄를 지었음을 시인하고 스스로 사형 집행을 원하였지만, 나는 뉘우치는 것을 보고 "살려줄 터이니 큰 공을 세워 속죄할 것이냐?"고 물었다. 그가 소원이라 하기로 결박을 풀어 보내주었더니, 그는 상하이에서 정탐한 문건을 임시정부에 바치겠다는 뜻을 밝혔다. 나는 시간을 약속하고, 그를 만나기 위해 김보연·손두환 등을 왜놈의 승전여관(勝田旅館)으로 보냈다. 과연 그는 왜놈에게 고발하지 않았고, 내가 전화로 호출하면 시간을 어기지 않고 즉시 대기하였다. 그러다가 4일 후 몰래 도망하여 본국에 돌아가서, 임시정부의 덕을 칭송하고

다닌다는 소문을 들었다.[16]

당시 상하이에는 밀정이 들끓었다. 《백범일지》 곳곳에는 밀정들의 집요한 침투에 대한 기록이 있다. 심지어 밀정을 잡는 경무국의 경호원 중에도 밀정이 있었다. 김구는 밀정의 공작에 의해 이운한이라는 자가 권총을 난사한 '남목청 사건'[17]으로 가슴에 총을 맞고 죽을 고비를 넘기기도 했다. 밀정 색출과 처단이 중심 임무였던 경무국장 김구에게 잡힌 선우갑은 죽음을 자청하는 등 반성하는 척하다가 기회를 틈타 상하이를 탈출한 것이다.

김구가 들었다는 "임시정부의 덕을 칭송"한다는 풍문은 헛소문이었던 듯하다. 선우갑은 1920년 4월경 재미 조선인들의 독립운동 상황을 정탐하라는 조선총독부와 일본 경시청의 지시를 받고 미국으로 건너갔다. 일본 외무성은 샌프란시스코의 일본 총영사에게 공문을 보내 선우갑의 신변 보호와 각종 편의를 지시했다. 조선총독부는 기밀비 2,000원을 지원했다. 선우갑은 임시정부의 대통령 이승만, 내무차장 현순 등에 대해 정탐하다가 1920년 10월경 조선으로 돌아왔다.

1925년 9월 초순 무렵 선우갑은 다시 베이징에 파견되었다. 당시 문건에 따르면, 그곳에서 선우갑은 중국 정계의 주요 인물들에게 "동양평화를 목적으로 하는 아시아주의 운동의 중책"을 설명하며 신문 등을 발간하고 "재만주 불령선인과 지나(중국)의

10 악인전, 매국적과 창귀

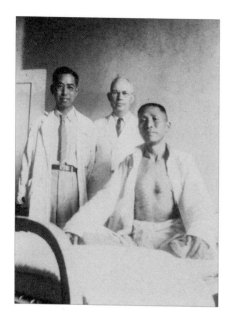

**밀정에게 저격당해 입원한
김구** 1938년 5월 무렵 이
운한이 쏜 총에 맞은 후 회
복 중인 김구의 모습이다.
부산시립박물관 소장.

무산운동의 연계를 파괴"하는 활동을 했다.[18] 이어서 1926년 6월
에는 관동청 안둥현(安東縣) 헌병대의 중국어 통역에 임명되었
다. 통역의 직함을 달고 있었지만, 실질적으로는 헌병대를 배경
으로 밀정 활동을 한 것이었다.

　밀정 선우갑이 독립운동 진영에 끼친 해악의 구체적인 실상은
온전히 밝혀지지 않았다. '칠가살'에 이름이 오르고 《신한민보》
등에 동정이 보도될 만큼 이미 그는 알려진 밀정이었던 탓에 독
립운동 단체에 직접 잠입하기는 어려웠을 것이다. 그래서 각 지

선우순과 선우갑

역에서 암약하던 노출되지 않은 밀정들을 활용하는 여러 공작을 맡았을 가능성이 크다. 조선총독부와 일본 경시청, 외무성 및 일본군 관련 자료를 발굴 대조하여 그 진상을 확인해야 한다.

그가 끼친 해악은 밀정 활동에만 그치지 않았다. 선우갑은 기생 출신인 문명하(文明河)와 살림을 차리고 혼인신고 후 평양에서 살다가 안둥현 헌병대 근무지로 함께 이주했다. 이후 그는 평양을 오가다 다시 기생 김명옥에게 빠져 문명하를 홀대했다. 이에 문명하는 선우갑에게 이혼과 부양료 소송을 제기했다. 문명하는 헌병대의 비호를 받는 선우갑과의 이혼 소송에서 승소하기 위해 부부로 살면서 알게 된 선우갑의 형사상 범죄상을 검사국에 고발했다.

그 고발에 따르면, 선우갑은 1926, 1927년에 사기도박으로 2,300여 원의 돈을 편취했고, 중국 다롄과 함경도 함흥, 강원도 강릉에서 아편을 사다가 안둥현, 평양 등지에서 중국인과 조선인 들에게 팔았다. 이외에도 안둥현에서 비단 150여 필을 밀수하여 평양 포목상에 넘겼다.[19] 선우갑은 작은 권력을 탐한 밀정이었을 뿐만 아니라, 치부(致富)를 위해 민중들을 속이고 아편 중독에 빠지게 한 말 그대로의 '창귀'였다. 알려지지 않은 그의 말로가 편치 않았기를 바랄 뿐이다.

우리 안의 밀정들

2019년 KBS 탐사보도부는 〈밀정〉 1·2부를 제작, 방영했다. 방송은 1년여 동안 일본 외무성과 방위성의 기밀문서, 각종 서신, 중국 당국이 생산한 공문서 등 5만 장을 입수·분석한 결과를 토대로 밀정혐의자 895명을 특정했다. 그 결과는 우리를 경악케 했다. 안중근의 동지 우덕순을 비롯해 김좌진의 비서와 김원봉의 동지 등 독립운동가를 다수 포함하고 있었기 때문이다.[20] 이 밀정들은 '우리' 안에서 독립운동가의 탈을 쓴 채 동지를 팔고 조직을 와해했다.

밀정은 암적 존재였다. 단 한 명의 밀정만 침투해도 조직 안의 불신과 분열은 걷잡을 수 없이 증폭되었다. 선우순이 사이토 총독에게 받은 기밀비로 꾸민 여러 음모와 정탐 활동에 희생된 혁명가가 적지 않을 것이다. 손가락질로 2·8독립선언 주역들을 일제에 넘긴 선우갑도 상하이와 베이징, 미국과 만주 안둥현 등을 다니며 독립운동가들에게 더 많은 해악을 끼쳤을 것임에 틀림없다. 이것만으로도 선우순·선우갑 형제는 비난받아 마땅하다.

그런데 이들의 악행은 이게 끝이 아니었다. 선우순은 보성전문학교 법과를 나와서 도시샤대학에서 신학을 공부한 사람이다. 정의와 사랑을 설파해야 하는 자가 독립운동가의 가족에게 가출옥을 미끼로 금전을 편취하고, 법률 지식을 활용한 소송으로 힘

없는 사람들을 괴롭혔다. 선우갑 또한 사기, 아편 밀매, 각종 밀수 등 민중의 삶을 어지럽히는 범죄를 저질렀다.[21]

어디서 본 듯한 장면들이 아닌가? 입만 열면 국민을 내세우면서 민중의 돈을 편취하고 있는 오늘날 저 광장의 가짜 목회자들, 절박한 생존의 벼랑 끝에서 파업에 나선 노동자들에게 손해배상 소송으로 월급과 재산을 가압류하여 자살로 내몰았던 법기술자들 등등. 이들이 버젓하게 활보하는 지금-여기의 현실은 과연 선우순·선우갑 형제의 악행을 오래전 일로 치부하고 끝낼 일일지 의구심이 들게 한다. 국민을 내세우며 사실은 공동체를 해치는 그들이야말로 '우리 안의 밀정'이 아닌가.

1921년 대동강 반월도에서 선우갑의 갑질에 맞섰던 평양 부민들의 모습[22]은 우리에게 시사점을 던져준다. 예부터 평양에서

　　　　　　　10 악인전, 매국적과 창귀

대한민국임시정부 초기의 주역들
KBS 탐사보도부에서 발굴한 이 사진은 1919년 7월 9일 조선군참모장이 육군차관에게 올린 보고서에 첨부된 것으로, '상하이에 있는 배일(排日) 조선인 간부와 결사자 200여 명'이라는 설명이 적혀 있다. KBS 뉴스 제공, 일본 방위연구소 소장.

는 여름이면 대동강 반월도에서 어죽을 먹고 목욕도 하며 유쾌히 노는 피서 풍속이 있었다. 여느 때처럼 많은 평양 부민이 모여 놀던 어느 일요일, 기생을 태우고 뱃놀이(船遊)를 하던 선우갑이 풍기문란이라며 옷을 벗고 목욕하는 한 청년의 뺨을 후려갈겼다.

청년은 선우갑이 경관이라는 서슬에 질려 항의도 못 하고 돌아섰다. 이를 지켜보던 '협객 김정식'이 "여보 당신이 사람이오, 짐승이오? 아무리 경관이기로 무리하게 당신을 구타함에야 잠잠히 맞을 까닭이 있소"라고 청년을 꾸짖고 함께 선우갑에게 따졌다. 김정식은 평양의 피서 풍속을 훼방한 건 선우갑이라 지적하고, 폭행에 대한 사과를 요구했다. 선우갑은 모란봉 파출소에서 정복 순사를 데려와 자신을 비난한 김정식 등 몇몇 사람을 잡아갔다.

선우순과 선우갑

김정식 등은 이에 굴하지 않고 항거했고 이 상황을 지켜본 400여 명의 분개한 군중이 파출소 앞을 가득 메웠다. 독이 오른 선우갑은 다시 평양 경찰본서로 "불령선인들이 잔뜩 모여 위기가 임박"했다고 연락한다. 소요가 일어난 줄 안 경관대가 출동했지만, 김정식은 선우갑이 공연히 사람을 구타하여 타일렀더니 감옥에 보낸다는 등 협박했다고 상황을 설명했다. 이런 풍파 끝에 김정식 등이 풀려나면서 이 사건은 마무리되었다.

우리는 평양 반월도 소요에서 여전히 유효한 깨우침을 하나 얻을 수 있다. 그것은 비록 힘없는 약한 개인일지라도 인간의 존엄을 지키기 위해 부당한 권력의 폭력에 당당히 맞서야 하며, 약한 이들의 연대야말로 부정한 권력에 맞서는 진정한 힘의 원천이라는 사실이다. 권력의 서슬에 주눅 들어서 굴복하려는 청년을 질책했던 '협객 김정식'이 오늘의 우리에게 묻는다. "여보 당신은 사람이오, 짐승이오?"

10 악인전, 매국적과 창귀

11

오빠들이 떠난 자리

임택재와 임순득

〈우리 오빠와 화로〉 혹은 사회주의의 젠더적 위계

조선희의《세 여자》[1]는 주세죽, 허정숙, 고명자 등 격랑의 20세기를 헤쳐간 여성 사회주의자들의 삶을 그린 작품이다. 이 소설은 남성 중심의 서사처럼 느껴지는 한국 사회주의운동사에 새로운 젠더 감각을 제공했다. 1950년대 연안파 몰락을 한국 사회주의운동의 종결로 본다는 점에서 논란의 여지가 없는 건 아니지만, 박헌영·김단야·임원근 등 남성 트로이카의 위성이 아니라 스스로 빛나는 별이었던 그녀들의 삶을 되살린 것만으로도 고평해 마땅한 작품이다.

여성 사회주의자들은 어떤 존재였을까? 근대 한국에서 이들은 '로자 룩셈부르크(Rosa Luxemburg)'로 불리며 신성화되거나

'콜론타이(Aleksandra Mikhailovna Kollontai)'의 후예로 성애화되었던 양가적 성(聖/性)의 대상이었다. 이를테면 조명희의 〈낙동강〉에서 주인공 박성운의 유지를 좇아 혁명의 길에 나서는 여주인공은 이름 대신 '로사'로 호명되며, 이광수의 〈혁명가의 아내〉에서 '공산(孔産)'의 처 방정희는 조선판 콜론타이이자 '희대의 요부'로 그려진다. 이 성(聖/性)녀들은 일종의 거울상이다.

콜론타이를 악의적으로 오독한 이광수에 비할 바 아니지만, 〈낙동강〉의 '로사'도 여성 사회주의자에 대한 타자화에서 자유롭지 않다. 〈낙동강〉은 백정에 대한 농민 계층의 오랜 멸시를 넘어서 조선이 '민족됨'을 이루는 순간을 형상화한다. 이 과정에서 백정의 딸 '로사'는 신분적 굴레와 여성을 옥죈 봉건 윤리의 억압을 깨고 투쟁하는 주체로 거듭난다. 하나 로사의 각성은 죽음으로 완성된 신성한 혁명가 박성운과의 관계 속에 배치된다는 점에서 문제적이다. 연인 사이인 그들은 대등한 동지라기보다는 지도자와 피지도자, 전위와 대중, 스승과 제자의 관계에 가깝다.

임화의 시 〈우리 오빠와 화로〉는 남성/여성 사회주의자의 권력관계를 이해하는 데 참조가 된다. 인쇄공장 노동자인 청년(오빠)은 남겨질 누이(화자)와 어린 남동생을 걱정하며 '외로운 담배 연기'를 뿜으며 번민한다. 하지만 그는 노동자계급을 위한 "위대한 결정과 성스런 각오"로 행동에 나서고 "거치른 구두 소리"와 함께 끌려간다. 화자인 누이는 이러한 사연을 회상하며 오

빠와 그의 동지들처럼 "날마다를 싸움에서 보"내겠다는 각오를 전한다.[2]

이 단편 서사시가 그려내는 여성 노동자의 주체화 과정은 감동적이다. 하지만 그 각성은 대자적 존재인 오빠와 그의 동지들인 청년들에 기대어 이루어진다는 점에서 의존적이다. 〈우리 오빠와 화로〉에서 남성 지도자의 영향 아래 있는 여성 주체의 각성이라는 설정은 '전위-대중'의 관계를 '오빠(남편/남친)-누이(아내/여친)'의 젠더적 관계로 자연화하는 것일지도 모른다. 이때 투쟁하다 죽었거나 감옥에 간힌 존재들인 오빠는 윤리적 판단 너머에 있다.

나경석과 나혜석, 최승일과 최승희, 이관술과 이순금, 그리고 1970년대 전태일과 전순옥에 이르기까지, 현실 속에서도 〈우리 오빠와 화로〉와 유사한 '오빠-여동생' 유형들을 확인할 수 있다. 오빠의 빛에 가려 희미한 흔적만을 남긴 이도 있지만, 드라마틱한 삶으로 오빠의 존재를 지워버린 누이도 있다. 현실의 여러 사례 중에서 여기서는 전향의 괴로움 속에 죽어간 임택재(任澤宰, 1912~1939)와 오빠가 떠난 자리에서 신념을 이어간 임순득(任淳得, 1916~?) 남매의 사연을 살펴보려 한다.[3]

임택재와 임순득

사회주의 활동가 임택재와 전향시인 임사명

임택재와 임순득 남매의 본적은 전라북도 고창군 고창면 월곡리 276번지다. 아버지 임명호(任命鎬)와 어머니 전주 이씨 사이의 2남 3녀 중 각각 2남과 막내로 태어났다. 임택재의 신문조서 공술에 따르면, 임명호는 전라북도의 '군속(郡屬)'으로 근무했고, 1934년 시점에 재산은 5,000원가량이었으며 빚은 없었다.[4] 임명호의 집은 임순재, 임택재 형제와 막내딸 임순득을 서울과 일본에 유학 보낼 만큼 경제적 여유가 있었다.

임택재는 공립고창보통학교를 졸업하고, 1924년 4월에 고창고등보통학교(이하 '고창고보')에 진학했다. 1925년 4월에 중앙고등보통학교로 전학했다가 1926년 1월에 다시 고창고보 2학년으로 재입학했다. 고창고보 학적부에 따르면, 그는 문예부 활동에 열심이었고 성적도 학급에서 2~3등 하던 수재였다. 고창(고보)이라는 지역의 분위기가 머리 좋고 감수성 예민한 소년 임택재에게 어떤 영향을 끼쳤는가는 몇 편 남아 있지 않은 그의 시 중에서, 특히 〈고향〉을 통해 짐작해볼 수 있다.

시 〈고향〉에서 임택재는 '높이 빼여난 반등산(半登山)'을 "의적 벽오(碧梧)의 전설, 젊은 의병 박포대(朴包大)의 혼이 서식하는 산"[5]이라고 노래했다. '방등산', '방장산'으로도 불리는 '반등산'은 지리산, 무등산과 함께 호남의 3대 영산으로 이름 높은 산이다. 벽오는 백제 유민 출신 의적으로, 반등산 봉우리에 그 이름을 붙여 벽오봉이라 부를 정도로 지역에 이름이 전해 내려오는 유명한 인물이다. 의병 박포대는 구한말에 활동한 의병장으로, 이른바 '남한대토벌' 때 일본군에 잡혀 처형된 이 지역의 민간 영웅이었다.

갑오농민전쟁과 의병전쟁 희생자의 후예인 고창 주민들이 군민대회를 통해 세운 학교가 '고창고보'였다. 평안도 정주의 오산학교에 견주어 "북 오산, 남 고창"이라고 부를 만큼 고창 사람들은 이 학교에 큰 자부심을 가지고 있었다. 소년 임택재는 망국민의 영웅인 벽오와 박포대의 전설이 깃든 반등산 기슭에서 "이 땅의 잃은 세기(世紀)를 되찾으려"[6]는 꿈을 키우며 자랐다. 1929년 3월에 고창고보를 졸업한 임택재는 4월에 일본 야마구치(山口) 고등학교에 진학했다.

고등학교 입학 후 임택재는 "메마른 삶, 가난한 경치"의 고향 사람들에게 "성대한 만찬을"[7] 주기 위한 투쟁의 삶에 뛰어든다. 1931년 여름방학을 맞아 귀향하던 중 금산군 예수교 성결교회의 설교를 방해한 죄로 검거되었다가 풀려나는가 하면, 1932년 1월에는 일본노동조합전국협의회 오노다(小野田)시멘트 분회 명의로 반일 격문을 뿌렸고, 3월에는 치안유지법 위반 혐의로 검거되어 5월에 기소유예 처분을 받았다. 이때 검거된 이력 때문에 야마구치 고교에서 제적당했다.

귀향한 임택재는 경성제국대학 진학 준비를 위해 서울로 가서 1932년 10월경 이관술의 집에서 하숙하며 사회주의 활동을 했다. 이때 임택재는 이관술, 김도엽 등과 함께 조선반제동맹 경성지방결성준비위원회 운동을 주도했다. 이 조직은 1933년 1월에 와해되었다. 종로서와 동대문경찰서에서 조사받고 풀려난 임택재는 《신계단》에서 기자생활을 했는데, 1933년 여름 무렵 동료 기자인 남만희의 소개로 이재유[8]를 만났다.[9] 이후 1934년 3월에 조선공산당 재건을 준비하던 이재유 그룹과의 관련 때문에 검거되었다. 이순금, 이경선, 김영원 등과 더불어 동생 임순득도 망라된 조직이었다.[10] 1935년 12월 20일이 되어서야 징역 2년에 집행유예 4년을 선고받아 2년여의 미결수 생활을 끝낼 수 있었다.

석방 보름 전인 1935년 12월 6일, 그는 담당 판사 야마시타 히데키(山下秀樹)에게 〈진정서〉를 제출한다. "생이 하나의 본연의 자세인 것처럼 효는 자식의 부모에 대한 하나의 본연의 자세"라며 늙은 부모와의 애달픈 사연에 이어 "'이상'이라고 하는 아름다운 겉모습을 가지고 저를 고혹시킨, 저 빵의 권리의 주장이 이제는 저의 앞에 단지 잔해로만 가로놓여 있는 것을 봅니다. 저의 사색에서 지금이야말로 사적유물론의 붕괴를 느낍니다"[11]라며 전향했다.

"심장을 도려내어 이 종이에 싸서 드리고도 싶습니다"라는 그의 절절한 호소가 통했는지, 야마시타 판사는 임택재에게 집행

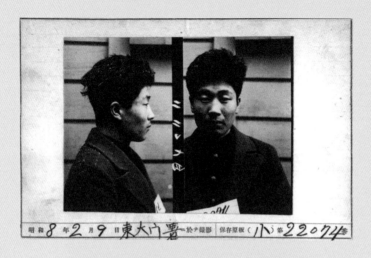

1933년 2월 9일 동대문경찰서에서 촬영한 임택재의 모습

국사편찬위원회 소장.

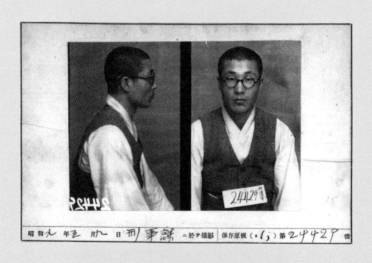

1934년 5월 9일 형사과에서 촬영한 임택재의 모습

국사편찬위원회 소장.

1935년 2월 7일 서대문형무소에서 촬영한 임택재의 모습
국사편찬위원회 소장.

유예를 선고하여 부모에게 돌려보냈다. 사회로 돌아온 임택재는
미곡상을 하면서 결혼도 했지만, "꽉 닫힌 조그만 껍질 속에 들
어앉은 달팽이"[12]처럼 웅크려 지내다가 1939년 2월 16일 스물여
덟의 한창 나이에 폐병으로 사망했다. 2년여 동안의 사진의 변화
가 말해주듯이, 육체적 고문과 정신적 압박이 병의 원인이 되었
을 것이다.

출옥한 임택재는 '임사명(任史冥)'이라는 필명으로 죽기 전까
지 〈고향〉, 〈어두운 방의 시편들〉, 〈독백〉, 〈말〉과 유고시 〈십년,
또 십년〉 등 총 5편의 시를 발표했다.[13] 그의 시들을 읽다 보면,

자신의 전향에 대한 부끄러움과 시대에 대한 깊은 절망을 느낄수 있다. 그는 신념을 잃은 자신을 "타다 만 장작개비 피글피글연기만 내는구나"라고 자조하고, "산은 무너지고 해, 달, 별, 돋지마라! 이 어두운 방에 남아 내 홀로히 바삭바삭 말라서 길이길이잠들을까"[14]라고 되뇌인다.

전향의 번민으로 괴로워하는 그에게 "어두운 방에 가만히 있는 탓이네. 밖으로 나가보게!"라며 "이제는 거대한 삘딍에 가죽가방을 들고 조석 드나드는—, 금강산의 로케이슌을 다녀온 씨이크한—, 쩌나리즘의 조고만 일각에서 편집을 도맡는—, 또는새로운 정열로 인간 탐구의 작품을 쓴다는—, 전날부터의 벗들은 고히 충고를 하여주"[15]지만, "산에 올라 '이놈들아!'—— 외치고 싶은 나"[16]는 이미 생활과 현실을 헤쳐가기 힘겨우리만큼몸도 마음도 지치고 병들어 있다.

조금 길지만 임택재가 삶의 마지막 순간에 썼던 〈십년, 또 십년〉을 함께 읽어보고 싶다.

그만 망설이겠습니다.
말에 올라 길을 달려야겠습니다.
좁은 골목길에서는
처마에 끄른 거미줄이 자꾸만 얼굴에 얽힐 것이오.

임택재와 임순득

들에 나서면

활짝 열린 한 들 복판

영화(影畵)같이 또렷한 나에게

사방에서 총 끝을 향하고,

그리고 나의 말을 겨누기도 할 것이오.

할아버지의 이야기에는

비루먹은 망아지가 있습니다.

나의 말도 그 비루먹은 망아지요

나도 이 땅에다 또 하나의 전설을 심을 것이오.

(누이야. 저 커다란 대야, 그때 항상 아버지께서 쓰시던 놋대야에 찬물

을 하나 가뜩 떠오렴)

나는 허리에서 비수를 하나 빼어

그 정한 물에 던져놓았습니다.

그리고 대야 속의 변화를 가리키며 외쳤습니다.

──오오 고토(故土)에서 솟는 물은 이처럼 피가 아니냐, 이렇

게 생생한 핏속에서 칼날은 시퍼렇다만

내가 헛되이 죽는 날에는 구덕이가 슬 것이다. 칼도 녹슬어질

것이다!

아아, 나는 나의 어린 아들도 섞여 있는 무리에게 하직하고
정(定)한 방위(方位)로, 말을 쏜살같이 달려야겠습니다.[17]

"이 땅에다 또 하나의 전설을 심을 것"을 결심하며 그는 누이
에게 아버지가 쓰던 놋대야에 찬물을 떠오라 요청한다. 그가 빼
어든 비수는 할아버지와 아버지 그리고 그가 사랑한 사람들이
살았던 고토에서 솟는 깨끗한 물, 즉 민중의 "생생한 피 속"에서
"시퍼렇게" 날이 설 것이다. '사방에서' 총이 자신을 노리는 것
처럼 공포를 느끼고, 배교자의 고뇌 속에 칩거하던 그는 마침내
"정한 방위"로 달려갈 것을 결심했지만 끝끝내 스러졌다. 이제
오빠에게 '깨끗한(淨) 찬물'을 요청받았던 여동생 임순득의 삶
을 살펴볼 차례다.

두 학교에서 연거푸 퇴학당한 열혈 투사 임순득

임순득은 고창에서 보통학교를 마치고 1929년 4월 서울의 이화
여자고등보통학교(이하 '이화여고보')에 입학했다. 1929년 11월 3
일 그 유명한 광주학생운동이 일어났다. 1930년 1월 서울에서도
근우회의 지도 속에 이화여고보가 앞장서 '여학생 만세운동'을
벌였다. 당시 1학년이었던 임순득은 시위의 주모자는 아니었지

만, "열렬한 독서가이자 능변가"[18]였던 성격을 감안해보면, 만세 시위에 참여하며 큰 감격을 경험했으리라고 추론할 수 있다.

3학년이 된 임순득은 1931년 6월 25일 이화여고보의 2, 3, 4학년 학생 300여 명이 벌인 학생동맹휴학 사건의 주모자가 된다. 이들의 요구조건은 "종교·신앙의 자유권과 교원 4인 배척 및 교육 시간을 여섯 시간으로 하여달라는 것" 등이었다. 정규 교과 외의 성경 시간을 폐지하고 선교사 교원을 배척하는 등 한마디로 미션스쿨인 이화여고보의 기독교 교육에 반기를 든 동맹휴학이었다. 임순득에 설득되어 맹휴에 가담했던 동창생 전숙희는 그때를 이렇게 회고했다.

> 오전 수업을 마치고 정오가 되자 주모급의 한 학생이 교정에 있는 종을 울렸다. 이것을 암호로 전교생이 일제히 교정에 모였다. 이때 Y(임순득)는 용감하게 단상으로 뛰어올라가 교장과 교사 배척문을 낭독하고 전교 동맹휴학을 선포했다. 황급히 쫓아온 선생님들은 그저 묵묵히 지켜보고 서 있을 뿐이다. 나는 온몸이 떨렸다. 교정은 잠시 무거운 침묵이 흘렀다. 다음 순간, 전교생들은 교정 위 풀밭으로 가서 농성 대열로 주저앉았다.[19]

당시 경찰 기록은 이 동맹휴학을 서울계의 조선공산당 재건준비회 사건으로 파악하고 있다. 1930년 1월의 '여학생 만세운동'

1931년 8월 30일 서대문경찰서에서 촬영한 임순득의 모습

임순득의 일제감시대상인물카드로 이화여고보 동맹휴학 주모자로
취조받을 때 작성된 것이다. 국사편찬위원회 소장.

사건을 주도하고 퇴학당한 이화여고보의 최복순이 고려공산청년회에 가입한 후 학창 시절 같이 자취했던 4학년 조숙현을 끌어들이고, 다시 조숙현이 3학년 임순득을 포섭하여 일으킨 동맹휴학이었다는 것이다.[20] 최복순과 조숙현은 기소되었지만, 열일곱 살의 임순득은 어리다는 이유로 기소유예 처분을 받았다. 학교 측은 석방된 임순득을 퇴학시킨다.

퇴학당한 임순득은 1932년 봄 동덕여자고등보통학교(이하 '동덕여고보') 3학년에 편입했다. 동덕여고보에는 걸출한 사회주의 활동가인 이관술이 지리와 역사를, 1940년대 창씨개명 강요와 조선어 상용 금지에 분노하며 자결로 염결한 생애를 마감한 한글학자 신명균이 조선어와 한문을 가르치고 있었다. 천도교 계통의 동덕여고보는 사회주의 여성 활동가의 산실이었다. 박진홍, 이순금, 이경선, 이종희, 김재선 등 이후 혁명적 노동조합 조직 운동과 노동·민족 해방에 앞장선 여성 사회주의자들이 학내 독서회 활동을 통해 성장하고 있었다.

임순득은 1932년 10월 이관술의 지도 아래 이경선, 김영원과 함께 독서회를 꾸렸다. 이들은 《자본주의 구조》, 《임노동과 자본》 등을 강독했다. 1933년 1월이 끝날 무렵 이관술, 이경선, 임순득이 독서회 사건으로 종로경찰서에 체포된다. 이관술 집에 하숙하고 있던 임택재도 함께 검거되었다. 이 사건은 '조선반제 동맹 경성지방결성준비위원회' 사건으로 확대되어 이관술은 학

11 오빠들이 떠난 자리

교에서 쫓겨났다. 임순득은 불기소처분을 받았지만 동덕여고보는 그녀를 퇴학시켰다.

1933년 여름 동덕여고보에서 제적된 뒤, 1937년 2월에 단편소설을 통해 문단에 나타나기까지 4년여 동안 그녀가 어떻게 지냈는지는 확실하지 않다. 다만 1933년 7월 일본 경찰의 사찰 보고에 임순득이 일본 유학을 계획 중이라는 구절이 있고, 임택재의 1937년 3월의 증인 신문조서에 동생이 서울의 조선미술공예사에서 기자로 일한다는 진술이 남아 있다.[21] 비평가 김문집은 "두뇌가 우수한" 임순득이 일본의 '여자고등사범학교'를 다니다가 "중도에서 집어치우고 난데없는 문학에 손을 적셨다"[22]고 조롱했다.

이 자료들을 종합해보면, 동덕여고보에서 퇴학당한 이후 임순득은 일본의 '도쿄여자고등사범' 혹은 '나라여자고등사범'에 유학하다가[23] 중도에 그만두고 귀국하여 '조선미술공예사' 기자를 거쳐 1937년부터 본격적으로 작가 생활을 시작했다고 추론할 수 있다. 그렇다면 임순득이 왜 '난데없는 문학에 손을 적셨'는지, 또 그녀의 문학이 김문집에게 조롱받을 만큼 수준이 낮았던 것인지 알아보아야 한다. 그 판단은 작품을 직접 살펴보는 수밖에 없다.

임택재와 임순득

문학이라는 소명과 일본어 글쓰기의 윤리

동덕여고보 시절의 스승 이관술과 선배 박진홍, 이순금, 김재선 등이 조선공산당을 재건하기 위해 경성콤그룹[24]과 중국 옌안 등지에서 사회주의자로서 투쟁하고 있을 때, 임순득은 작가로서 자신의 소명을 이어갔다. 임순득이 현실 조직의 운동선을 가지고 있었는지는 확실치 않지만, 그녀의 작품에는 사회주의자로서의 신념을 고수하려는 의지가 드러나 있다. 1937년 2월에 발표한 임순득의 등단작 단편 〈일요일〉은 여러모로 흥미로운 작품이다. 미나미 지로(南次郎) 총독 부임과 황민화 정책의 추진, 중일전쟁의 발발과 제국 이데올로기의 득세가 준비되던 때에 임순득은 경성 C신문사 타이피스트 강혜영의 평범한 '일요일'을 담담히 그린다.

일요일 오전 혜영은 "요새 읽기 시작한 에렌부르크의 소설이나 마저 읽을까? 성북동에 나가서 스케치나 한 장 그려볼까?"고민하다가 감옥에 있는 애인 윤호의 옷을 빨며 집에 머문다. 마침 여학교 동창인 M과 P가 놀러왔다가 감옥에 있는 애인 빨래나 하는 혜영을 조소한다. 그들은 이미 과거의 신념을 잊고 일상의 평온에 안주한 자들이다. 저녁 무렵 영화 보러 가자고 찾아온 주간신문의 편집자인 윤호 친구 H도 "진실한 생활 태도에서 물러난 사람"[25]일 뿐이다.

이 작품에는 윤호를 낡은 이데올로기로 인식하며 현실과 타협하고 일상에 안주하는 과거의 동지들에 대한 비판적 시선과, 혜영 자신의 내면을 섬세하게 성찰하는 지적 사유가 섞여 있다. 윤호는 지나버린 과거가 아니라 혜영의 생활과 이어진 현재이다. 소설이 소련 작가 에렌부르크(Ilya Grigoryevich Ehrenburg)의 작품을 읽는 장면에서 시작하는 것도 흥미롭거니와 당면한 생활에 대한 무조건적인 긍정을 보여주는 이들을 "소금쟁이 종족"으로 설명하는 다음 대목도 인상적이다.

혜영이는 생각하였다. 소금쟁이는 수면 위에서 잠시라도 유쾌한 맴도리를 그치어서는 안 된다는 듯이 돌고만 있다. 소금쟁이는 흐르는 물 위에서는 결코 돌지 않는다. 거울같이 잔잔한 물이겠지만 생동하는 물결 있는 흐르는 물 위에서는 그 쾌활하고 만족할 수 있는 맴도리를 못한다. 물의 깊이를 모른다. 흐름의 정신과 육체를 모른다. 안정된 평면이 현존하면 고만이다. 소금쟁이의 의욕이란 안온한 순간에 대한 욕심뿐이다. 아아, 소금쟁이들이여![26]

카프(KAPF, 조선프롤레타리아예술가동맹) 해산 이후 후일담 문학에서 전향의 유력한 논리는 '생활의 발견'이었다. "안온한 순간에 대한 욕심뿐"인 소금쟁이들과는 다른 '생활'을 살며 미래

임택재와 임순득

를 응시한 것은 적어도 이 시기의 소설에서는 대부분 여성들의 몫이었다. "윤호를 그런 곳에 남겨놓고 자기 혼자 계절의 변화를 즐길만한 마음은 추호도 움직이지 않"을 만큼 그녀에게 윤호는 "생활의 표식"이었다. 소설의 결말에서 혜영은 "무한히 광대한 것의 색채를 내 몸에 감고 있다는 것이나마 늘 느끼고 싶"[27]어하는 윤호에게 차입해주기 위해 "코발트색 스웨터"의 팔을 "짜고서" 기쁨 속에서 잠이 든다.

감옥 안 사회주의자 남성과 감옥 밖 뒷바라지하는 여성의 구도는 〈우리 오빠와 화로〉의 젠더적 위계를 반복하는 것처럼 보일 수 있다. 그녀에게는 '하우스키퍼'의 형상이 어른거린다. 그렇지만 혜영에게는 "윤호와 대등한 인격으로서 깎임이 아니라는 확신이 있"[28]다는 점에서 그들의 관계는 그 성격을 달리한다. 또한 뜨개질은 전통적인 여성성을 연상시키지만, 남(성)의 글을 '청서(淸書)'하던 타이피스트 강혜영이 사회주의의 객관적 상관물인 '코발트색 스웨터'를 직접 '짜는(쓰는)' 주체가 되려는 의지의 표현으로 읽을 수도 있다.

그렇지만 제국주의 폭력의 '어둠'은 더욱 짙어만 갔다. 조선어 문학이 어려워진 1940년대에 접어들면서 임순득은 일본어로 글을 썼다. 한국 사회에는 일본어로 쓰면 친일문학이라는 통념이 작동한다. 과연 그럴까? 영국 식민지에서 피식민지인의 영어 글쓰기가 제국의 이데올로기를 폭로하거나 균열을 내었듯이, 김사

11 오빠들이 떠난 자리

량 같은 식민지 조선 작가에게서도 그런 사례를 찾아볼 수 있다. 마찬가지로 임순득의 일본어 작품들도 섬세한 독해가 필요하다. 1942년 6월호 《매신사진순보(每新寫眞旬報)》에 게재된 일본어 소설 〈계절의 노래(季節の歌)〉는 눈여겨볼 작품이다. '나'는 '삶을 버티는 기둥'이었던 오빠가 죽은 뒤 절망감으로 자살까지 생각하다가 절에 다니던 중에 화가 A를 만난다. 둘은 곧 서로에게 절망적인 어둠 속에서 한 줄기 빛을 찾아 헤매는 '동경'을 품고 있다는 공통점을 느끼게 된다. A는 어두운 그림 속에서 하늘만은 맑은 푸른색으로 칠하고, '나'는 죽은 오빠에 대해 이야기할 때만 환한 표정을 짓는다. 즉 두 사람에게 푸른 하늘과 오빠는 일종의 동경의 표징이다.

A에게 오빠의 초상화를 부탁하고 며칠 뒤 내가 A를 다시 찾았을 때는, A는 완성된 초상화를 절에 맡겨두고 떠난 뒤였다. 초상화 뒤에는 시 한 편이 적혀 있었는데, 그 시에는 차가운 눈이 날리고, 여러 장해물을 넘어서 '북쪽 나라(北國)'에 있는, 푸른 하늘 아래 영겁으로 얼어 있는 아름답고 자애로운 '빙하'를 찾아가고자 하는 A의 마음이 담겨 있었다. '나'는 한 편의 시와 '현대의 프로메테우스'와도 같은 오빠의 초상화를 남기고, 북국의 빙하를 찾아 떠난 것으로 짐작되는 A에게서 인간적인 고귀함을 느낀다. 오빠 임택재의 이른 죽음 이후 임순득의 내면의 추이를 엿볼 수 있다.

임택재와 임순득

몇 달 뒤 발표된 〈이름짓기〔名付親〕〉도 간단치 않은 소설이다. 1942년 10월 《문화조선》에 일본어로 발표된 이 소설은 5촌 조카의 이름을 짓는 과정을 중심으로 이야기가 전개된다. 서술자는 소설가 친구 고려아(高呂娥)와 상의하여 여자아이라면 굴원(屈原)이 지조의 상징으로 사용한 풀 이름을 따서 '임혜원(任蕙媛)'으로, 남자아이라면 유대 민족의 해방자 모세(毛世)와 굴원을 한 글자씩 따서 '임세원(任世原)'으로 짓기로 한다. 1942년에 이름과 정체성의 관계를 문제 삼는 소설이란 어떤 의미일까?

알다시피 1940년 2월부터 창씨개명 정책이 시행되었다. 임순득의 집안 역시 1940년 8월 5일 본관인 '풍천(豊川)'을 활용하여 '도요카와'로 창씨했으며, 임순득의 호적상의 이름도 '도요카와 준(豊川淳)'으로 바뀌었다. 창씨 후의 작품이지만 '任淳得'이라는 본명으로 발표했고, 혜원과 세원도 '임(任)'씨로 설정하여 일종의 '사소설적 독법'을 구축했다. 이처럼 이 시기 이른바 '친일 매체'에 발표된 임순득의 일본어 작품들은 일본어로 쓰면 무조건 '친일문학'으로 취급하는 통념을 전복한다.

민족과 계급의 해방을 외치던 오빠들이 죽거나 갇히거나 전향한 빈자리에서 임순득과 그녀들은 묵묵히 글을 쓰며 신념을 지키거나 꿋꿋이 운동을 이어갔다. 특히 임순득은 젠더화된 한국문학사는 물론, '암흑기'로 명명되며 삭제되었던 식민지 말기 일본어로 이루어진 한국문학을 다시금 사유하도록 요구하고 있

11 오빠들이 떠난 자리

는 작가다. 해방 후 그녀는 북한에서 활동하며 많은 작품을 남겼다.[29] 임택재·임순득 남매의 삶과 문학은 식민과 해방, 분단과 냉전의 굴곡진 역사의 그늘 속에서 새로운 조명을 기다리는 많은 지식인·작가가 남아 있음을 알려준다.

12

심연수와 심호수

디아스포라 청년 시인의 죽음과 부활

북간도의 두 청년 시인

1945년 2월 16일 후쿠오카 형무소의 차가운 감방에서 한 조선 청년이 짧은 생을 마감했다. 북간도의 시인 윤동주(1917~1945). 그가 죽고 반년가량이 지난 1945년 8월 8일, 만주국 왕청현 (汪淸縣) 춘양진(春陽鎭) 기차역 근처에서 한 조선 청년이 무장 군경에게 죽임을 당했다.[1] 또 다른 북간도의 시인 심연수 (1918~1945). "하늘을 우러러 한 점 부끄럼이 없기를" 기원한 윤 동주처럼, 심연수도 "마음 가운데 불의의 때가 묻거든 사정없는 빨래방망이로 두드려 씻어주소서"[2]라며 깨끗한 삶을 염원했다.

심연수는 1918년 5월 20일 강원도 강릉에서 태어났다. 그가 여덟 살 되던 해 심연수 일가는 고향을 떠나 10년 동안 러시아의

심연수와 심호수

블라디보스토크와 만주 등지를 떠돌며 어렵게 살았다. 심연수가 열여덟 살 되던 1935년에 일가는 북간도 조선인들의 문화적 중심지였던 룽징(龍井, 중국 지린성 옌벤조선족자치주의 도시)에 정착했다. 심연수는 1940년 스물세 살의 뒤늦은 나이에 동흥중학교를 졸업하고 1941년부터 도쿄의 니혼대학 전문부 예술과에서 유학했다. 1943년 9월 만주로 돌아와 교사로 일하다가 아내와 부모 형제가 있는 룽징으로 돌아오던 중 어이없는 죽음을 맞은 것이다. 해방을 불과 일주일 앞두고서였다.

한 살 터울의 동년배인 윤동주와 심연수는 생활권이 겹쳤지만 실제로 만난 적은 없었던 것으로 전한다. 평양 숭실학교, 서울 연희전문학교 등을 거쳐 도쿄 릿쿄(立敎)대학과 교토 도시샤대학에서 유학 생활을 이어갔던 윤동주의 궤적과 뒤늦게 룽징으로 이주해 도쿄로 향했던 심연수의 삶의 동선은 겹치면서도 미묘하게 어긋났다. 두 시인이 만난 적은 없었지만, 룽징에서 자라던 두 시인의 막냇동생들은 서로 친구로 지냈다. 그 동생들 덕분에 두 시인의 손때 묻은 유물들은 사후에나마 한자리에서 만나게 된다.

심연수 일가가 보존한 심연수의 자료 더미 속에 윤동주의 스크랩북이 남아 있다. 1938년과 1939년 무렵 신문에 발표된 문학이론, 비평론, 수필 등을 모아놓은 이 스크랩북은 윤동주가 직접 만든 것이라고 알려져 있다. 형들의 영향 때문이었는지 두 시인의 막냇동생들은 문학에 관심이 컸다. 윤광주는 형 윤동주의 스

심연수의 증명사진과 니혼대학 전문부 예술과 학생증 증명사진 뒷면에는 "1942년 4월 1일 도쿄에서"라고 적혀 있다. 니혼대학 학생증은 그의 창씨명인 미쓰모토 요시오(三本義雄)로 발급되었다. 심상만(심연수 조카) 소장.

크랩북을 같은 학교에 다니던 문학친구이자 심연수의 동생인 심해수에게 빌려주었다. 심해수에게 건네진 윤동주의 스크랩북이 이후 심연수의 유고들과 함께 섞여 남게 된 것이다. 이 스크랩북에 보관된 문학 기사들은 윤동주가 시뿐만 아니라 '지성론', '전통론', '사실수리론' 등 당시 비평계의 동향에도 깊은 관심을 가졌었다는 사실을 알려준다.[3]

요절한 두 청년 시인의 유고를 세상에 알린 것도 동생들이었다. 윤동주의 유고 시집《하늘과 바람과 별과 시》(1948)의 출판 경위는 이미 잘 알려져 있다. 연희전문학교 후배 정병욱이 학병으로 끌려가면서 간곡한 당부와 함께 자신의 어머니에게 맡긴

심연수와 심호수

육필 시집 원고와, 여기에 윤동주의 일본 유학 시절 원고를 더한 총 31편의 시가 연희전문학교의 동창 강처중의 주선으로 정지용의 발문을 달고 정음사에서 간행된다. 이 과정에서 당시 서울에 있던 동생 윤일주가 형의 동창들을 도와 유고집 출판을 위해 백방으로 노력했다.

윤동주의 유고 시집이 출판된 직후인 1948년 12월에는 여동생 윤혜원이 룽징에 남아 있던 육필 원고와 노트 세 권, 스크랩북, 사진 등을 가지고 서울로 왔다. 그 덕분에 1955년 증보된 유고 시집에 실린 시는 93편으로 늘어났다. 이처럼 윤동주가 불멸의 시인으로 부활하는 데에는 여러 동창뿐 아니라 동생들의 헌신이 있었다. 윤동주의 부활을 도운 사람이 여럿이었던 데 비해, 심연수가 사후 56년 만에 시인으로 부활할 수 있었던 것은 오롯이 한 사람의 집념 덕분이었다. 심연수 시인의 동생 심호수. 형의 유고를 지키는 데 일생을 바친 그의 이야기를 살펴보자.

오지독에서 싹튼 시인의 부활

심호수는 1925년 1월 22일생으로 형 심연수보다 일곱 살 아래의 동생이다. 태어난 지 몇 달 만에 어머니의 등에 업혀 고향인 강릉 땅을 떠났다. 심호수는 열한 살 때 룽징에 정착했고, 중학교를 마친 후 평생 농사를 지으며 살았다. 심연수의 유학경비조차 온전히 감당할 수 없었던 궁핍한 살림살이였다. 유학 시절 심연수와 룽징집 사이를 오간 편지에는 구차한 살림을 알면서도 돈을 청하며 괴로워하는 심연수의 미안함과 돈을 보내지 못해 조바심하는 부모 형제의 애달픔이 담겨 있다. 이런 상황에서 심호수는 더 공부하고 싶은 마음을 애써 억눌러야 했을지도 모른다.

고학에 가까운 일본 유학을 끝마치고 심연수가 돌아왔다. 헌헌장부가 되어 돌아온 심연수는 결혼도 하고 존경받는 교사가 되었다. 행복한 미래에 대한 잠시의 희망은 해방 직전 만주의 어수선함 속에서 발생한 심연수의 갑작스러운 죽음으로 깨져버렸다. 그 가족들의 황망함을 충분히 짐작할만하다. 심호수는 아버지와 함께 형의 시신을 수습해 안장한다. 이후 심호수는 형이 남긴 유복자인 조카 심상룡을 보살폈다. 그는 조카뿐만 아니라 형이 남긴 또 하나의 자식, 즉 시인의 유고를 지키기로 결심했다.

심연수 시인을 맨 처음 발굴하고 소개한 기사[4]에 따르면, 심호수는 형이 남긴 원고와 자료 들을 비료 포대나 시멘트 포대 등으로 꼭꼭 싸매어 큰 오지독(항아리)에 넣고 땅 깊숙이 묻었다. 장마철에 눅눅해지면 꺼내어 말렸다가 다시 넣어 보관하는 일을 해마다 반복하며 반세기 넘게 그것들을 지켜냈다. 역사적 격변이 거듭된 중국 땅 빈한한 농민이 감당하기에는 결코 쉽지 않은 일이었다. 혁명을 위협하는 부르주아적 독아(毒牙)를 척결하자

심연수와 심호수

는 슬로건이 넘실대던 문화대혁명 시절에는 특히나 위험한 순간이었다.

문화대혁명의 광기는 옌볜 조선인 사회에도 몰아쳤다. 심연수의 유고들은 위험하기 짝이 없는 물건이었다. 일본 유학을 했다는 사실만으로도 일본 특무(밀정)로 몰리던 시절이었다. 심호수는 문화대혁명 때 일본 유학 시절의 심연수 물건들을 내놓으라는 압박에 시달렸다고 회고했다. 오지독 속의 심연수 물건들이 발각되었다면 심호수의 목숨도 장담키 어려웠을 것이다. 심호수는 가족들조차도 어디 있는지 몰랐을 정도로 유고를 꽁꽁 숨겼다.

누가 형님 유고를 침범할까봐 늘 그게 걱정이었어요. 행여 글씨라도 망가지면 어떻게 하나 하고 살았지요. 나는 글은 잘 모르지만 형님 시를 보면서 힘을 얻었어요. 집사람이나 자식들로부터 '이제는 산사람이 살아야지' 하는 하소연을 듣기까지 했지요.[5]

심호수가 목숨을 걸고 지킨 형의 유고들은 어떤 것들이었나? 심연수의 유고는 열 권으로 묶인 습작 시집을 비롯하여 소설, 비평문, 감상문, 1940년 한 해 동안의 일기와 심연수가 주고받은 각종 편지와 엽서, 조선과 만주 일대를 경유한 수학여행의 기록, 어린 시절부터 대학 때까지의 각종 학습장과 읽었던 도서류 등 그 자료를 찍은 이미지만 8,000여 컷에 이른다. 한국 근대문학사에서 이만큼 다양한 장르의 방대한 육필 원고와 내면과 생활상을 함께 볼 수 있는 생활 기록을 남긴 작가는 없었다.

심호수가 형의 유고를 얼마나 소중히 여겼는지는 원고 상태만 봐도 금세 알 수 있다. 심연수가 펜으로 쓴 시 육필 원고의 글씨는 80여 년이 흐른 지금까지도 잉크가 묻어날 것처럼 선명하다. 1999년 팔순을 앞둔 심호수는 형의 원고를 책으로 출판하는 게 자기 삶의 마지막 숙제라고 생각했다. 그는 시 원고 몇 편을 베껴서 무단강(牡丹江)출판사 등 여러 출판사에 보냈지만 응답이 없었다. 단념하지 않고 60여 편을 베껴서 다시 옌볜사회과학원에 보냈다.

옌볜사회과학원 문학예술연구소는 원고를 검토하고 심호수가 가지고 있던 대량의 유고 진본을 확인한 후 '심연수 문학연구 소조(팀)'를 결성하여 본격적인 정리에 들어갔다. 문학예술연구소의 상무편집위원 김룡운이 육필 원고를 분류·정리하여 옌볜인민출판사에서 《20세기 중국조선족 문학사료전집-제1집 심련수 문학편》[6]이 출간되었다. 이로써 심연수의 유고가 빛을 보게 되었다. 새로운 세기가 시작된 2000년, 죽은 지 56년 만에 심연수가 시인으로 부활한 것이다. 이제 심연수의 문학을 살펴볼 차례다.

타히티와 북간도

여러 해 전 서울시립미술관에서 폴 고갱 특별전시회를 관람한 적이 있다. 평화롭고 목가적인 풍경과 순박한 원주민 여인들이 어우러진 원향(原鄉)으로서의 타히티 이미지가 가득했다. 그로 부터 반년 정도 지나, 미국에서 열린 아시아학회(Association for Asian Studies)에 참석했다가 뉴욕현대미술관의 인상파 특별전에서 또다시 고갱을 만나게 되었다. 그곳의 고갱 그림은 서울에서 본 것과 딴판이었다. 뉴욕의 고갱 전시에서는 주술적이며 불가해한 느낌의 거칠고 야성적인 타히티가 느껴졌다.

왜 이런 차이가 생겼을까? 서울의 전시는 평화롭고 안온한 느낌의 타히티 그림 위주로 이루어졌다면, 뉴욕의 전시는 그보다 더 주술적이고 야성적인 타히티 그림들을 다수 포함하고 있었기 때문이다. 서울과 뉴욕에서 각기 다른 느낌의 고갱 그림을 봤던 기억이 불현듯 떠오른 건 윤동주와 심연수의 문학에서 연상되는 북간도 모습과 묘하게 닮아서였다. 그들의 문학이 그린 북간도는 같은 곳이었지만 그 풍경과 사람들의 모습은 사뭇 달랐다.

윤동주 문학에서 북간도는 어머니의 땅이자 완결된 사랑의 공동체였다. 윤동주 자신이 육필 시집에 붙인 제목 "하늘과 바람과 별과 시"는 곧 원향으로서의 북간도의 다른 이름이다. 윤동주에게는 파란 '하늘'과 부드러운 '바람', 빛나는 '별'이 어우러지는 북간도의 풍경이 곧 '시'였다. "모가지를 드리우고 꽃처럼 피어나는 피를 어두워가는 하늘 밑에 조용히 흘리겠습니다"(〈십자가〉중에서)라는 그의 결연함마저도 무언가 부드러움과 따뜻한 기운으로 감싸여 있다.

윤동주의 시에 비해 심연수의 작품은 다소 투박하고 남성적인 어조가 강하다. 그의 문학에서 북간도는 거칠고 야성적인 장소로 그려진다. 뒤늦게 알려진 만큼 심연수 문학에 대한 평가는 여전히 진행 중이다. 그의 문학을 민족적·저항적 관점에서 독해하며 그 가치를 고평하는 견해가 있는가 하면, "예술적 향기라는 면에서는 다소 떨어지나, 기록성 면에서는 귀중"[7]하다며 심연수 문학의 기록적 가치는 고평하면서도 문학성에 대해서는 회의적인 평가도 있다.

심연수의 시들은 민족주의적 맥락에서 이해할 여지가 다분하다. 문학적 완성도에서 부족한 측면이 있는 것도 사실이다. 비록 표현의 측면에서 다소 미숙해 보일지 모르지만, 그의 시에서는 그곳에서 살아가는 사람들이 느끼는 북간도의 거친 자연과 그곳을 개척한 조선인 이주자의 슬픈 역사에 대한 연민, 현재의 가난에 대한 분노 그리고 희망찬 미래를 향한 결의 등을 엿볼 수 있다. 그렇지만 이것을 곧바로 민족주의적 저항 의지로 이해하는 것은 다소 성급해 보인다. 그의 시 〈눈보라〉를 통해 이 문제를 더 생각해보자.

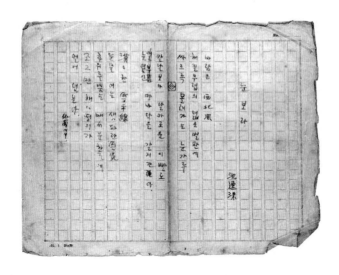

〈눈보라〉육필 원고 심상만 소장.

바람은 서북풍

해 질 무렵 넓은 벌판에

싸르륵 몰려가는 눈가루

칼날보다 날카로운 이빨로

눈 덮인 땅바닥을 물어뜯는다

막막한 설평선(雪平線)

눈물 어는 새파란 설기(雪氣)

추위를 뿜는 매서운 하늘에

조그마한 햇덩이가

얼어 넘는다[8]

　해 질 무렵 눈 덮인 넓은 벌판 위로 눈보라가 몰아친다. 얼마
나 매서운지 "칼날보다 날카로운 이빨로" 땅바닥을 갉는 것처럼
느껴질 정도다. 이때 시퍼런 눈발〔雪氣〕 가득한 '막막한 설평선'
위에 '조그마한 햇덩이'가 보인다. 이 얼어 있는 작은 덩어리는
언젠가 이글이글 불타는 햇덩어리가 되어서 눈 덮인 산하를 녹
일 것이다. 세련되지는 않지만, 거칠고 야성적인 북간도의 풍경
과 그곳에서 살아가는 인간의 의지가 잘 상징화되어 있다.
　〈눈보라〉의 '겨울'과 '해'라는 익숙한 대립적 심상은 심연수
문학을 민족적 수난과 저항의 맥락에서 이해하도록 유혹하는 측
면이 있다. "어선에 실려" 동해를 건너온 자기 가족의 체험을 그
린 시 〈만주〉에 이르면 이런 독법은 더욱 힘을 얻게 된다. "서글
퍼 가엾던 부모 형제/헐벗고 주림을 참던 일/지금도 뼈아픈 눈
물의 기록/잊지 못할 척사(拓史)의 혈흔(血痕)이었다"라며 '슬
픈 유랑'의 역사에 대한 깊은 공명을 담고 있기 때문이다.
　그렇지만 군이 검열 등을 의식하지 않아도 되었던 이 시가 그
이주의 원인에 대해 말하지 않고 있다는 점은 각별히 강조할 필
요가 있다. 또한 "척사의 혈흔이었다"라는 과거형으로 이루어진

표현에서는 개척 혹은 정복의 객체인 만주가 잠재되어 있고, 그 개척의 과정에 피를 뿌린 조선 이주자를 주인으로 간주하는 잠재적 인식이 함께 깔려 있다. 〈해란강〉, 〈대지의 모색〉, 〈대지의 봄〉 등에는 부모 세대의 고난의 개척 과정과 함께 그곳에서 태어난 청년들의 미래를 향한 희망과 포부가 담겨 있다.

어렵사리 북간도에 정착한 가난한 조선 농가의 아들은 무엇을 꿈꿨을까? 심연수가 1940년 1년 동안 쓴 일기에서는 생존경쟁에서 살아남아 성공하고자 하는 가난한 농가 출신 청년의 의지가 촘촘히 기록되어 있다. 그는 "생존경쟁이 날로 심해가는 이때에 절대로 낮잠을 철폐할 것"(6월 17일 일기)을 다짐하고, 6월 달력을 보며 "일 년을 두고 할 일을 반이나 하였는가"(6월 19일 일기)라고 책망하는가 하면, "하늘은 스스로 돕는 이를 돕는다"라는 구절을 적으면서 스스로를 채찍질한다.

일기에서 읽히는 것은 일제에 대한 저항적 주체의 자세라기보다는 개인의 노력으로 척박한 환경을 극복하려는 윤리적 태도를 지닌 청년의 자조(自助) 의지다. 이 말을 심연수에게 민족의식이 없었다거나 식민주의를 내면화했다고 오해해서는 곤란하다. 입신과 성공에 대한 욕망은 성장기의 청년들에게 자연스러운 것이다. 동흥중학교 졸업을 기념해 만든 〈기묵집〉(1940)[9]을 참조하자면, 이는 당시 북간도 조선 청년들에게 공통적으로 확인되는 것들이다.

〈기묵집〉

〈기묵집〉표지와 심연수가 쓴 서문과 설문 문항이다. 동흥중학교 졸업 당시
심연수가 50여 명의 졸업생에게 4년여 동안 함께 생활한 기념이자
향후 평생의 지기로 지내기를 염원하며 서로에 대해 알 수 있는
기록을 만들어 나누어 갖자고 제안해 만들어졌다. 심상만 소장.

그들은 개인적 성공과 더불어 척박한 자신들의 고향(北鄕)을 풍요롭게 만들자고 다짐했다. 심연수도 집안의 가난을 해결하면서 자신의 삶도 의미 있게 일구고자 하는 강한 의욕을 가지고 있었다. 이때 그에게 문학은 자신의 노력으로 이룰 수 있는 윤리적인 성공의 길이었다. 북간도 청년들이 처한 척박한 자연환경과 빈궁한 사회적 환경에 대한 극복 의지를 곧장 제국주의에 대한 저항적 의지로 간주하는 것은 어쩌면 '지금-여기', 한국 사회의 관점을 일방적으로 투사하는 것일지도 모른다.

백 년 동안의 유랑

윤동주의 시비는 동아시아 곳곳에 있다. 중국 명동촌의 생가, 서울의 연세대학교(옛 연희전문학교), 육필 원고를 보관했던 광양의 술도가 자리, 일본 교토의 도시샤대학과 하숙집터, 소풍을 갔던 우지(宇治)시 강변 등에 그의 시비가 서 있다. "모든 죽어가는 것을 사랑"하고자 했던 시인 윤동주를 기념하는 마음을 탓할 생각은 없다. 하지만 때때로 내게는 이 기념비들이 윤동주를 자기 소유로 만들려는 기억 전쟁의 첨병처럼 보인다.

윤동주는 어느 나라의 시인일까? 해답이 자명한 질문 같지만 조금 생각해보면 복잡한 문제다. 그의 본적은 함경도 청진이고 북간도 이주민 가정에서 태어났다. 살았을 때의 국적은 일본이었고, 죽은 뒤에 그가 나고 자란 공동체는 사회주의 중국의 소수민족이 되었다. '중국 조선족 시인 윤동주'라고 새겨진 옌볜 생가의 시비를 보는 심사도 복잡하지만, 이를 동북공정이라고 비판하며 '한국인'이라는 내셔널리티를 자명하게 여기는 인식도 불편하다.

어쩌면 윤동주는 현재의 국민국가의 내셔널리티로 귀속시킬 수 없는 "북간도의 시인"일지도 모른다. 그렇다면 심연수는 어떠한가? 태어난 고향인 강릉에 다녀온 감회를 적은 시와 산문이 남아 있지만, 그 역시 북간도 정주자로서의 자의식이 강했던 것으로 보인다. 즉, 그에게도 북간도는 고향이었던 셈이다. 어쩌면 우리는 고갱이 타히티 원주민을 보듯이, 바로 그 외부자의 위치에서 타자의 시선으로 북간도의 두 시인과 문학을 보고 있는지도 모른다.

해방 이후 만주로 이주했던 많은 이들이 한반도로 귀환했다. 남북한으로 돌아온 그들은 주류로 진입하지 못한 주변인의 위치에 놓였다. 북한으로 돌아온 그들은 사회적 성분에서 북한 정주자에 비해 상대적으로 낮은 취급을 받았다. 그들 중 많은 이들이 평양 등 중심부에서 밀려나 변방에 머무르다가 '고난의 행군' 시절 탈북했다고 알려져 있다. 한국 사회에서 중국 동포들에 대한 인식과 사회적 대우 역시 북한과 별반 달라 보이지 않는다. 심호수도 2007년 귀국하여 4년여 한국에 거주했지만 끝내 정착하지 못하고 되돌아가 2015년 2월 15일 룽징에서 생을 마감했다.

시인 심연수의 생애는 강릉에서 블라디보스토크, 룽징, 도쿄 그리고 다시 만주로 이어지는 이동의 역사였다. 이곳들에서 남긴 시에서 심연수는 그리운 '고향'을 노래했다. 그의 시에서 반복되는 그리운 고향은 어디였을까? 강릉일까, 북간도 룽징일까? 그의 작품 〈국경의 하룻밤〉은 조선과 북간도 사이에서 디아스포라의 경계론적 위치를 자각하고 있는 시처럼 읽힌다. 마지막으로 〈국경의 하룻밤〉을 통해 심연수가 그 경계에서 뒤척이며 귀기울였던 두만강의 물소리를 함께 들어보자.

두만강 네 몇 만 년 흐르는 동안
이 강을 건너던 이 울더냐 웃더냐
나는 건너면서 울음과 웃음 사이였다

밤은 깊어간다 그러나 깨어 있다
흐르는 물소리는 밤공기를 가볍게 치다
아, 나는 왜 자지 않고 이 밤을 새우려 하나

13

혈연을 넘어선 이상의 형제들

모스크바 8진 형제

'임은'을 찾아서

1982년 4월, 일본 도쿄의 지유샤(自由社)에서 김일성 개인숭배를 비판하는 책이 출판되었다. 책 제목은 '북조선왕조 성립 비사-김일성정전(北朝鮮王朝成立秘史-金日成正傳)', 저자는 임은(林隱)이었다. 과장된 보천보전투와 조국광복회의 실상, 김일성 전설의 공백기인 동북항일연군 교도려(이른바 제88특별여단) 시절 이야기, 해방 전 만주의 동북항일연군 조선 공산주의자들의 활약상, 한국전쟁 발발의 진상, 김일성의 정적 숙청 과정, 주체사상의 반공산주의적 성격 등을 중심으로 김일성 우상화를 비판한 책이었다.

저자 임은은 "신비로운 김일성의 공과 죄를 밝힌 글이기 때문에 그 저자인 나 자신도 신비로운 존재로 남아 있을 것"[1]이라며, '수풀에 숨는다'라는 뜻의 '임은(林隱)'이 필명임을 밝혔다. '저자 자기소개'에서는 자신을 이렇게 소개했다. "출생: 나는 동양의 반봉건적 식민지에서 태어났습니다. 직업: 조선혁명가. 경력: 조선의 사회주의 건설에 참가, 조선의 공산주의운동에 투신. 현주소: 지금 시대에 과연 몇 사람이나 자신이 태어난 고향에 거주하겠습니까. 기타: 노코멘트."

임은은 "김일성의 망신은 우리 조선 사람들의 망신이며, 조선 공산주의자들의 망신은 세계 공산주의자들의 망신이기 때문에"[2] 책을 쓰기까지 10년도 더 망설였다. 하지만 그는 김정일 후계 구도가 명확해진 조선노동당 제6차 대회(1980) 소식을 듣고 분노해 공산주의를 배신한 북한의 왕조 세습을 비판하기로 결심했다. 그는 "우리나라 인민"과 "김일성 자신"이 읽어주기를 바랐지만, 2대 세습을 '왕조'라고 혹평한 이 책이 북한 독자에게 읽히기란 불가능한 일이었다.[3]

이 책은 서울에서도 동시에 번역 출판되었다. 표지 하단에 "재소 북한 공산주의자가 쓴 김일성정전"이라며 저자의 정체를 조금 더 드러내고 제목도《북한 김일성왕조 비사》[4]로 바꾸었다. 전두환 정권의 검열 기구는 출판되자마자 이 책을 금서로 지정했다. 김일성의 항일 경력이 과장된 점은 비판했지만, 그가 항일무장투쟁에서 활약한 혁명가라는 사실을 부정하진 않았기 때문이

13 혈연을 넘어선 이상의 형제들

다. 김일성을 가짜나 마적으로 폄하하던 남한에서는 받아들이기 어려운 견해였다.

또한 임은은 스탈린, 마오쩌둥, 김일성, 폴 포트 등 사회주의를 망친 독재자들을 비판하며, 진정한 혁명가 레닌으로 돌아갈 것을 주장했다. 그는 김일성에 의해 숙청된 국내파, 연안파, 소련파 사회주의자들을 "붉은 순교자들"이라고 불렀다. 알다시피 식민지와 민중의 해방을 위해 조선과 만주, 소련에서 활동했던 수많은 사회주의자가 분단된 한반도에서 제 명을 다 살지 못하고 비참한 최후를 맞이했다. 이 책이 냉전기 한반도의 금서가 된 것은 결과적으로 남북한 정권이 사회주의에 대한 배타성을 공유했다는 사실을 보여주는 셈이다.

그렇다면 임은은 과연 누구일까? 그의 책은 1987년 10월 21일 문화공보부의 '출판활성화조치'에 따른 선별적 해금 조처로 금서에서 해제되었다. 이후 1989년에 다시 《북조선 창설 주역이 쓴 김일성정전》[5]으로 정식 출판되었다. 저자 임은은 이 책의 서문에서 자신을 "해방 후 북조선 창설에 깊이 참여했던 공산주의자이면서도 숙청을 피해 소련에 거주"하는 망명객이라고 소개했다. 그렇지만 여전히 본명은 밝히지 않았다.

훗날 알려진 임은의 실체는 대한제국기 의병장 왕산(旺山) 허위(許蔿, 1855~1908)의 손자인 허웅배(1928~1997)였다.[6] 허웅배가 필명으로 삼은 '임은'은 할아버지 허위가 살았던 향리인

임은이 쓴 '김일성정전' 표지 왼쪽부터 일본 지유샤(1982), 한국양서(1982), 옥촌문화사(1989)에서 출간된 책이다.

'선산군 구미면 임은리'에서 따온 것이다. 허위는 고종 퇴위 이후에 궐기한 13도창의군에서 진동창의대장으로 활약하다가 일본군에 잡혀 경성감옥(서대문형무소)에서 최초로 처형당한 의병장이다. 허위의 순국 이후 그 집안의 후손들은 만주로 이주해 항일투쟁에 가담했다.

허웅배는 북만주 주허(珠河)에서 허위의 셋째 아들 허준의 3남 중 둘째로 태어났다. 소학교 교사 생활을 하다가 해방과 더불어 귀국한 뒤에는 북한 민주청년동맹 평양시위원회 선전부책, 내무성 문화국 당 조직 문화사업 책임자로 일했고, 한국전쟁 때에는 인민군으로 서울 진주에 참여했다.[7] 1952년 9월 유학생 파견에 선발되어 소련국립영화학교(지금의 VGIK, 이하 '영화학교')에서

13 혈연을 넘어선 이상의 형제들

유학했다. 전쟁으로 폐허가 된 고국을 뒤로하고 인민의 기대 속에 떠난 유학이었다. 그런데 그는 왜 망명객이 되어야만 했을까?

허웅배의 개인숭배 비판과 소련 망명[8]

1957년 11월 27일, 모스크바 날씨는 꽤 쌀쌀했다. '제8차 재소조선유학생 동향회'가 열리는 모스크바광산대학 강당으로 향하는 허웅배의 마음은 복잡했다.[9] 그는 이날 김일성 개인숭배에 대해 비판하기로 마음먹고 기숙사를 나섰다. '공화국'의 현실을 곱씹어 생각하며 내린 결론이었다. 예전에는 당과 국가 정책에 그 어떤 부조리를 느끼더라도 자신이 이해하지 못했을 뿐 지도부에서는 심오하고 원대한 대책을 세우고 있을 것이라 믿었다.

그렇지만 소련 유학은 차츰 자신이 목숨 걸고 지켰던 '공화국'이 무언가 잘못된 길로 가고 있다는 생각을 품게 했다. 무엇보다 1년 전 1956년 2월에 개최된 소련공산당 제20차 당 대회에서 제1서기 니키타 흐루쇼프(Nikita Khrushchev, 1935~2020)가 연설한 〈개인숭배와 그 결과에 대하여〉는 그에게 큰 충격을 주었다. 이른바 '스탈린 격하 연설'이라고 알려진 이 비공개 연설에서 흐루쇼프는 스탈린 치하에서 희생된 엄청나게 많은 사람에 대한 구체적 통계를 제시하며 스탈린 개인숭배를 격렬히 비판했다.

O KULCIE JEDNOSTKI
I JEGO NASTĘPSTWACH

Referat I Sekretarza KC KPZR tow. N.S. Chruszczowa
na XX Zjeździe Komunistycznej Partii Związku Radzieckiego

Warszawa — Marzec — 1956

1956년 제20차 소련공산당대회에서 연설하는 흐루쇼프 제1서기장(위)과 폴란드어로 번역·인쇄된 비공개 연설문(아래) 출처: 위키미디어 커먼즈.

흐루쇼프는 연설 말미에 이 사실이 절대 외부에 알려져서는 안 된다, 적들에게 탄약을 제공해선 안 된다고 말했지만, 연설 전문은 유출되어 1956년 6월 4일《뉴욕타임스》1면을 장식했다. 허웅배는 연출과 2년 선배인 폴란드 출신 예르지 호프만(Jerzy Hoffman)으로부터 흐루쇼프 연설을 전해 들었다. 호프만과는 평소 논쟁과 토론을 하던 사이였다. 흐루쇼프 연설은 민주적 사회주의 체제를 고민하던 허웅배에게 북한의 개인숭배를 비판적으로 바라보게 했다.

실제로 흐루쇼프 연설의 여파는 컸다. 북한에서도 1956년 8월에 열린 조선노동당 전원회의에서 윤공흠, 김강, 서휘 등 연안파가 김일성 개인숭배를 비판하고 나섰다. 하지만 이들은 중국·소련 등지로 망명하거나 반당 종파주의자로 몰려 숙청되었다. 1957년 10월에는 주소련대사 이상조가 연안파로 지목되어 송환에 직면하자 소련으로 망명했다. 만주의 항일 투사 출신인 이상조는 허웅배의 친형인 허광배와 함께 활동한 사이였다. 이 같은 상황을 보며 허웅배는 불안을 느끼지 않을 수 없었다.

허웅배 역시 연안파라는 정치적 배경 때문에 귀국하더라도 숙청의 광풍을 피할 수 없는 상황이었다. 하지만 그가 김일성 개인숭배를 비판하려고 결심한 것은 자신의 정치적 운명 때문만은 아니었다. 할아버지 허위가 죽음으로 지키려 했던 산하였고, 동북항일연군의 용장인 당숙 허형식(許亨植, 1909~1942)이 되찾

허웅배(허진, 왼쪽)와 그의 당숙인 동북항일연군 3로군 참모장 허형식(오른쪽).

으려다 순국한 나라였다. 또한 자기 형제들이 함께 세우고 지켜
낸 '공화국'이었다. 진정한 사회주의자라면 독재와 개인숭배로
인민의 나라를 망치는 자들과 맞서야 했다.

허웅배는 스탈린 개인 숭배에 침묵했던 이들처럼 비겁하게 살
진 않겠다고 다짐하며 걸음을 서둘렀다. 모스크바광산대학 강당
에는 이신팔 주소련북한대사와 평양에서 온 당 중앙조직부장 한
상두 및 선전선동부 부부장 김도만 등을 비롯하여 소련 각지의 유
학생 400여 명이 모여 있었다. 회의에서 한상두와 김도만은 1년

13 혈연을 넘어선 이상의 형제들

전 조선노동당 전원회의에서 김일성을 비판한 김두봉, 최창익, 윤공흠, 이상조, 김강 등의 연안파를 반당 종파주의자라고 비난했다.

유학생 대표자들도 단상에 올라 당과 수령을 찬양하고 체제를 옹호하는 발언을 이어갔다. 그렇게 회의는 마무리되는 듯했다. 그때 허웅배가 토론 발언을 신청하고 단상으로 올라갔다. 그는 '우리 당에는 개인숭배가 없'고, 있었다면 '남로당 추종자들에 의한 박헌영에 대한 개인숭배만 있었다'는 당의 설명은 말도 안 되는 이야기라고 잘라 말했다. 그의 논리는 명확했다. "개인숭배는 국가의 제2인자에게 차려지는 것이 아니라 제1인자에게만 차려지는 것이다."[10]

허웅배의 발언에 회의장이 술렁거렸다. 고급 당 학교 유학생 대표 등이 허웅배의 발언을 제지했고, 그는 연단에서 끌려 내려왔다. 며칠 뒤 주소련북한대사관에서는 허웅배에게 만나서 그가 제기한 문제를 허심탄회하게 토의하자고 제안했다. 허웅배는 그 진정성을 믿고 대사관에 찾아갔지만 곧바로 붙잡혀 구금되었다. 강제송환과 숙청의 위기에 직면한 그는 대사관 화장실 창문으로 탈출한 후 소련에 망명을 신청했다.

소련 당국은 허웅배와 그의 연인인 의과대학 유학생 최선옥에게 '무국적' 망명 허가를 내주었다. 학살당한 항일빨치산의 딸 최선옥은 혁명 유자녀들만 다닐 수 있던 만경대혁명학원 출신이었다. 1958년 이른 봄 허웅배와 최선옥은 우즈베키스탄으로 이주했다. 이후 허웅배는 타슈켄트의 니자미국립사범대학교 노어과를, 최선옥은 의과대학을 졸업했다. 그들의 망명은 허웅배와 함께 삶과 세계에 대해 진지한 토론을 해왔던 영화학교 북한 유학생들을 깊은 고민에 빠뜨렸다.

모니노 숲의 '8진' 형제

북한 정권은 1946년부터 국가를 이끌어갈 후세대 인재를 양성하기 위해 유학생 파견을 시작했다. 소련이나 동구권 사회주의 국가에서 발전된 과학기술과 문화예술을 배우고 익힐 우수한 젊은 인재들을 선발했다. 전쟁 중에도 유학생 파견은 중단되지 않았다. 그들에게는 폐허로 변한 조국을 부흥하고 발전시킬 과제가 주어졌다. 전쟁 중 유학생으로 선발된 학생들은 인민군에 복무했거나 사회성분과 당성에 흠결이 없어야만 했다.

1952년 9월 4일 신의주유학생강습소에서 200여 명의 제7기 유학생이 소련으로 출발했다. 그중에는 영화학교를 지망한 허웅배(시나리오과 7기), 한대용(시나리오과 7기), 정린구(촬영과 7기)도 포함되었다. 영화학교에서는 한 해 앞서 도착한 최국인(연출과 6기), 리경진(시나리오과 6기)이 공부하고 있었다. 1953년에는 다

274   13 혈연을 넘어선 이상의 형제들

영화학교 북한 유학생들 1956년 11월 영화학교 기숙사 앞에서 찍은 사진으로 왼쪽부터 정린구, 김순자, 허웅배(허진), 한대용(한진), 리경진(리진), 김종훈, 리진황이다. 월곡고려인문화관 관장 김병학 소장.

시 양원식(촬영과 8기), 김종훈(촬영과 8기)이 입학했고, 1954년에는 리진황(촬영과 9기)이 영화학교 유학생 대열에 합류했다.

국제 사회주의의 수도였던 모스크바에는 각국의 유학생들이 모여들었다. 그중에서도 북한 유학생들은 발군의 성적을 보여주고 있었다. 폭격으로 잿더미로 변한 폐허 속에서 참혹하게 살아가는 인민들이 보내준 유학이었다. 그들은 평소에도 자주 어울려 조국의 현실, 학업과 올바른 삶에 대해 토론했다. 그렇게 친밀하게 지내던 허웅배의 망명 결행은 영화학교 동료 유학생들은 물론 소련에 있는 북한 유학생들에게 커다란 충격이었다.

주소련북한대사관은 영화학교 북한 유학생들이 허웅배에게 물들지 않았을지 의심했다. 대사관에서 수차례 공식 토론회를 열어 유학생들의 사상을 점검했다. 영화학교 유학생들은 대사관 관계자들 앞에서는 눈치를 보며 얼버무린 뒤 자체적으로 토론을 거듭했다. 후배들은 반당 분자인 허웅배를 공개적으로 비난하면 귀국해서도 아무런 문제가 생기지 않으리라 생각했다. 이때 리경진, 최국인, 한대용, 정린구 등이 후배들을 설득했다.

최국인은 허웅배보다도 먼저 망명을 결심한 상태였다. 그는 종파 사건 직후 개인숭배가 심화되는 북한에서 양심을 속이고 수령만을 위해 봉사할 수는 없다며 소련에 남을 결심을 허웅배와 리경진에게 밝혔다.[11] 김일성종합대학 영문과 출신의 리경진은 영화학교 역사상 소련인과 외국인을 통틀어 처음으로 전 과목 만점을 받은 수재였다. 그는 일상생활에서도 흠잡을 데 없는 인물로, 동료들의 신망이 두터운 유학생 모임의 리더였다.

최국인과 리경진은 고민하는 후배들에게 허웅배를 비판하면 무사할 것이라는 판단이 지극히 순진한 생각임을 깨우쳐주었다. 북한 유학생들은 이미 제20차 소련공산당대회의 영향을 받았던 터라 조국에 돌아가더라도 종파 이론에 의해 이용만 당하다 숙청당할 것이라고 논리적으로 설득했다. 그들은 후배들이 정의로운 결단을 내릴 수 있도록 격려했다. 깊은 번민에 빠졌던 영화학교의 북한 유학생들은 집단 망명을 결정하고 향후 행동을 함께

하기로 결의했다.

영화학교 유학생 여덟 명이 연안파 혹은 그와 유사한 정치적 이력과 배경을 가졌기에 망명했다고 말하는 건 이 청년들의 진정성에 대한 모독일지도 모른다. 허웅배, 최국인 정도를 제외하면 그들 대부분은 연안파와는 아무런 관련이 없었다. 이를테면 한대용의 아버지인 극작가 한태천은 김일성 수상의 산업 시찰과 현지 지도를 수행한 뒤 그 교시들을 정리하여《로동신문》과 국내 잡지들에 발표하는 북한 권력의 최측근이었다.

그들 대부분은 북한 사회에 돌아가면 출세가 보장된 계층의 청년들이었다. 자신이 망명했을 때 가족이 처할 위기, 망명이 받아들여지지 않았을 때의 곤경, 망명에 성공해도 장담할 수 없는 불안한 미래 등 모든 두려움 속에서도 조국을 등지고 망명을 결정한 데에는 청년들 특유의 이상과 정의감이 작용했다고 보는 것이 합당하다. 그들은 이미 1950년대 모스크바에 불어온 '자유'의 공기를 흠씬 들이켰기에 당대 북한의 현실을 견딜 수 없었던 것이다.

1951년 5월 한국전쟁 진상조사를 위한 국제민주여성연맹 조사위원회에 참여한 네 명의 서방측 여성들은 여행 중 경유한 모스크바를 "자유롭고" "미소가 가득"한 "뚜렷한 행복의 도시"라고 기록했다.[12] 이즈음이 여전히 스탈린 통치기였다는 점을 감안한다면 스탈린 사후의 해빙기에 모스크바에서 생활한 북한 유학생들이 마셨을 자유의 공기가 짐작될 것이다. 개인숭배에 투항하는 대신 비판의 자유를 선택한 그들은 망명 요청서를 소련 당국에 발송했다.

1958년 6월 북한대사관의 요청으로 영화학교의 북한 유학생 여덟 명은 학교에서 집단 퇴학을 당했다. 학교 기숙사에서 쫓겨난 그들은 모스크바 인근 도시 모니노(Monino)의 숲으로 가서 천막을 치고 지내기 시작했다. 인근 집단농장의 일을 거들어 야채를 얻거나 호수에서 물고기를 잡아먹었다. 천막생활은 한 달 여가량 이어졌다. 그들은 매일 쉬지 않고 조국과 세계의 변화의 흐름과 함께 자신들은 무엇을 할 것인가를 토론했다.

어느 날 리경진이 남겨둔 메모 속 약도를 보고 먼저 망명한 허웅배가 찾아왔다. 그는 타슈켄트에서 가져온 식료품을 잔뜩 꺼내놓았다. 허웅배는 동료들에게 "우리들은 이제 참사람이 되겠다는 뜻으로 같은 이름 '진(眞)'을 쓰도록 하자"고 제안했다. 이후 허웅배(허진), 리경진(리진), 한대용(한진) 등은 결의대로 '진'이라는 이름을 죽을 때까지 사용했다.[13] 마침내 1958년 8월 4일 소련 정부는 이들의 망명을 허용하고, '무국적 임시 거주증'을 발급했다.

이 소식을 들은 음악대학의 정추[14]와 연극대학의 맹동욱도 망명 대열에 동참했다. 소련 당국은 북한과의 외교관계를 고려하여 정치적 회합을 통해 집단행동을 하지 못하도록 망명 유학생들을 소련 전역으로 한 명씩 갈라놓았다.[15] 각자의 임지로 떠나면서 그들은 북한대사관에 우편을 발송했다. 우편에는 그들의 여권과, 조선민주주의인민공화국 조선노동당 중앙위원장인 최용건 앞으로 보내는 편지가 동봉되어 있었다. 편지에는 다음과 같이 적혀 있었다.

나는 현 조선민주주의인민공화국 내에서 헌법에 보장된 공민의 권리가 난폭하게 유린되고 있는 상태로 말미암아 1958년 6월 1일부터 조선민주주의인민공화국 공민권을 포기함을 통보한다. 만일 조국이 모든 합리성을 회복한다면 소련 유학에서 습득한 나의 지식을 인민의 이익에 보답하기 위하여 즉시 조국으로 돌아갈 것이다.[16]

형제애에서 인류애로

피를 나누어야만 형제일까? 피 대신 신념을 공유한 형제들도 존재한다. 일본 유학에서 만나 대한제국을 입헌군주국으로 바꾸기로 의기투합한 김익용과 허세문은 '입헌'에서 한 글자씩 따서 김립과 허헌으로 이름을 바꾸었다.[17] 허웅배(임은)는《북조선 창설 주역이 쓴 김일성정전》에서 신흥무관학교의 김경천(金敬天,

본명 김광서), 지청천(池靑天, 본명 지대형), 신동천(申東天, 본명 신팔균), 이른바 '남만삼천(南滿三天)'이 조국 광복을 맹약하며 돌림자 천(天)을 쓴 일화가 전한다.[18]

허웅배가 '진'이라는 이름을 쓰자고 제안한 데에는 이처럼 그가 익숙하게 접했던 남성들의 신념 결사에 대한 문화적 관습이 자리하고 있는 듯하다. 신념을 공유한 형제 결사인 만큼 그들은 자신의 삶을 치열하게 버리려 했다. 소련 각지로 뿔뿔이 흩어지기 전에 리경진은 '진' 형제들이 함께 지켜나갈 생활신조를 다음과 같은 문서로 만들었다.[19]

(1) 자기 직장에서 겸손하고 근면하고 성실하고 자기 자신을 아끼지 않는 모범적인 일꾼이 될 것.

(2) 언제나 자체 교양에 노력할 것.

(3) 항상 동무들의 사업과 생활과 의식 수준(교양)에 대하여 적극적인 관심을 돌리며 일체 어느 정도라도 중요한 문제는 전원이 알게 하며 필요하면 토의에 붙일 것.

(4) 도덕적으로도 공산주의자답게 손색없는 인간으로 될 것.

(5) 조국 정세에 대한 자기 의견을 일체 외국인들에게 절대로 공개하지 않을 것.

(6) '투쟁'과 관련되는 일체 의견을 제때에 토의에 붙여 동무들이 사태를 옳게 판단하도록 노력할 것.

(7) 매 동무들이 서로 한 달에 한 번 이상 편지로 자기 생활에 대한 총화를 지어 동무들에게 알릴 것.

이들은 대학교, 방송국, 극장, 신문사 등에서 교수, 감독, 극작가, 촬영기사 등으로 자신의 삶을 꾸려나갔다. 그리고 편지를 통해 서로를 격려하고 때론 질책하며 민주적 공산주의 사회를 향한 이상을 지켜나갔다. 하지만 그들은 죽을 때까지 자신들의 조국으로 돌아가지 못했다. 그들의 조국은 합리성을 회복하기는커녕 3대 세습의 왕조 국가로 타락했다. 그들에게 "소련 유학에서 습득한 지식을 조국 인민의 이익에 보답"할 기회는 주어지지 않았다.

하지만 망명 뒤 그들은 인간과 세계에 대한 믿음과 사랑을 잃지 않고 자기 삶을 치열하게 살아갔다. 그들의 삶의 궤적에서 자신의 용기 있는 선택을 지켜낸 인간만이 지닐 수 있는 기품을 느낄 수 있다. 카자흐스탄 국립영화소에서 〈용의 해〉(1981), 〈쇼칸 발리하노프〉(1984) 등 소수 민족의 삶을 영화화한 최국인, 소련의 고려인 문학을 풍성하게 일군 한진·리진·허진 등 재소 고려인 문사 3진의 작품은 조국의 인민에게 보답하진 못했지만, 소련의 소수자(민족)들을 보듬으며 보다 성숙한 인간애가 실현된 결과물들이다. 그들이 보여준 삶의 위엄은 김소영 감독의 〈굿바이 마이 러브 NK: 붉은 청춘〉(2017)을 통해 확인할 수 있다.

북한 유학생 망명 사건을 다룬 작품들 김소영 감독은 다큐멘터리 영화 〈굿바이 마이 러브 NK: 붉은 청춘〉(2017)에서 망명 유학생들의 삶을 고스란히 담아냈다. 소설가 김연수는 《일곱 해의 마지막》(2020)에서 허웅배와 최선옥의 에피소드를 새로운 이야기로 창출했으며, 정지돈 소설가도 《모든 것은 영원했다》(2020)에서 8진 형제 이야기를 다룬 바 있다. 이처럼 북한 유학생 망명 사건은 감독과 작가 들의 영감을 자극하며 영화와 소설로 다시 쓰이고 있다. .

마지막으로 한 가지 꼭 짚고 싶은 이야기가 있다. 1958년 소련 북한 유학생 집단 망명 사건은 항상 여덟 혹은 열 명의 남자 유학생의 서사로만 언급된다. 하지만 허웅배와 함께 최초 망명을 결행한 것은 의과대학 유학생 최선옥이었다. 최선옥은 북한 사회의 '성골'이라고 할 수 있는 혁명 유자녀 계급 출신으로, 귀국했다면 소련 유학 출신 의사가 되어 누릴 수 있는 꽃길을 마다하고 허웅배와의 망명을 선택했다. 사랑의 힘과 더불어 당시 북한 권

      13 혈연을 넘어선 이상의 형제들

부에 대한 최선옥의 비판의식 없이는 설명될 수 없는 결정이다. 이후 남편 허웅배와 망명한 동료들을 보듬고, 그들이 병들었을 때 보살핀 사람 또한 최선옥이었다.

망명 이후 '진' 형제 공동체는 남성들의 연대만으로 이루어진 것이 아니었다. 이와 관련하여 한진과 그녀의 아내 지나이다 이바노브나의 혼인신고 장면은 각별한 감동을 준다. 바라나울 시청 비서는 서류를 제출한 지나이다에게 "누가 이 고려인과 결혼하도록 강요했나요?"라고 묻는다. 그녀는 비서를 똑바로 쳐다보면서 말한다. "당신은 알고 있습니까? 세상에 사랑이라는 것이 존재한다는 것을? 사랑이라는 것은 민족, 국적, 거리와는 전혀 상관없는 것입니다."[20]

망명한 북한 유학생들은 새로운 땅에서 사랑을 하고 가정을 꾸렸으며 아이를 낳았다. 리진 부부와 한진 부부는 자신들의 첫 아이에게 '용기'를 뜻하는 '안드레이'라는 이름을 붙여주었다. 그 아이들은 낯선 세계에서 이상을 지키려는 그들의 "용기"의 원천이자 다짐이었다.

1. 식민과 분단으로 서로를 지운 '평양'의 형제
: 정두현과 정광현

1 당시 일본 제국의 교육과정은 소학교 6년, 중학교 5년, 고등학교 3년, 대학 3년(의대 4년)의 '6-5-3-3'제였다. 고등학교는 대학의 예과 기능을 했다. 고등학교 졸업생과 대학 입학생의 정원을 비슷하게 맞추어놓았기 때문에 도쿄제국대학 법학부 등 핵심 엘리트 산출의 제국대학 학과가 아니라면, 고등학교에 입학만 하면 어지간한 제국대학의 학과를 무시험으로 진학할 수 있었다. 패전 이전까지 일본의 (구제)고등학교는 총 38개교가 있었으며, 관립학교로는 숫자를 붙여 표기한 넘버스쿨(1~8고)과 지명으로 표기한 지명스쿨이 있었고 이외에 공립 3개 고교, 사립 4개 고교가 있었다. 일본의 구제고등학교에 대한 자세한 설명은 秦郁彦,《舊制高校物語》, 文藝新書 355, 文藝春秋, 1982와 정종현,《제국대학의 조센징》, 휴머니스트, 2019, 65~72쪽 참조할 것.

2 이력서에는 1개월도 빼놓지 않고 모든 경력을 기재해야 했다. 자서전은 작성자의 구체적인 개인 역사를 담았다. 과거 경력의 진위 여부를 판단하는 평정서가 첨부되었으며, 보증인이 이 경력을 확인하고 보증함을 수결했다. 정두현의 이력서와 자서전은 미국문서기록관리청(NARA)에 보관되어 있으며, 여기서 인용하는 이력서와 자서전은 과학사 연구자인 김근배 전북대학교 교수가 미국에서 직접 촬영한 것을 바탕으로 옮긴 것이다. 후

의에 감사드린다.

이력서와 자서전을 통해 해방 직후의 북한 사회를 이해할 수 있는 흥미로운 연구서가 최근 출판되었다. 김재웅,《고백하는 사람들-자서전과 이력서로 본 북한의 해방과 혁명, 1945~1950》, 푸른역사, 2020.

3 정긍식,〈설송(雪松) 정광현(鄭光鉉) 선생의 생애와 학문의 여정〉,《법사학연구》54, 2016년 10월, 168·169쪽.

4 윤치호는 일기에 사위의 형인 정두현에 대해 "학자다. 동물학이 전공이고 생활면에서 굉장히 정확해서 사람들은 그를 기준으로 시계를 맞춘다고 한다"고 인물평을 적었다. 윤치호 지음, 박미경 옮김,〈1931년 4월 6일자 일기〉,《국역 윤치호 영문일기 8(한국사료총서 번역서 8)》, 국사편찬위원회, 2016.

5 해방 직후 북한의 이력서와 자서전 작성자들은 자신에게 유리한 내용은 드러내고 불리한 내용은 감추는 글쓰기 전략을 취했다. 정두현 역시 자신에게 불리하거나 논란이 생길만한 경력은 이력서와 자서전에서 생략했다. 이를테면 그는 평양 '인정도서관' 관장으로 경성제국대학에서 열린 제국 일본의 '도서관대회' 준비위원으로 활동했다. 이것은 본격적인 친일 행위는 아니었지만, 해방 직후의 북한에서는 논란이 될만한 경력이었다. 이러한 생략과 왜곡은 평정서 작성자들에 의해 대부분 밝혀졌는데, 정두현의 경우는 '다행히'(?) 그럴 염려가 없었다. 평양의학대학 학장이었던 그는 자신의 이력서와 자서전에 대한 평정을 스스로 했기 때문이다.

6 정두현이 다닌 도쿄제국대학 농학부는 전문 과정인 실과였던 것으로 보인다. 도쿄제국대학 학부의 졸업생 명부를 모두 조사했지만, 정두현의 이름을 찾을 수 없었다. 즉, 그가 도쿄제국대학 농학부를 다니긴 했지만 졸업하지 않았을 가능성과 그가 이수한 과정이 도쿄제국대학 농학부에 부설된 실과 과정이었을 가능성이 있다. 몇 년 뒤 우장춘도 이 농학부 실과 과정을 다녔다. 정두현의 이력서에는 도쿄제국대학 수학 기간이 기재되어 있지만, 별첨 자료에는 도호쿠제국대학과 다이호쿠제국대학의 졸업 증서뿐이었다.

7 숭덕학교에서 고종의 봉도식과 예배 및 만세운동 등이 있었는데, 교감 정

두현이 학생들에게 이 집회에 참여하도록 알렸다고 곽권응(郭權膺)은 진술하고 있다(《한민족독립운동사자료집 11권: 3·1운동 1》, 삼일독립선언 관련자 심문조서(경성지방법원)). 또한 〈대정 8년 내지 동10년 조선소요사건 관계 서류(공7책 기5) 비밀결사 대한국민회 급 대한독립청년단 검거에 관한 건〉에는 정두현이 대한독립청년단 내무부장으로 올라 있다.

8   정두현, 〈학교선택체험담〉, 《동광》 18, 1931년 2월, 79쪽.

9   〈재경조선학생의 독립만세에 관한 건(在京朝鮮學生ノ獨立萬歳ニ關スル件) 제2보(第二報)〉, 문서번호 特高秘乙第404號; 秘受2516號, 1920년 3월 3일. 석방자 명단에는 정광현의 인적 사항이 "19세, 원적: 평안남도 평양부 항정(港町) 이(二), 직업: 학생"으로 명기되어 있다.

10 정광현, 〈3·1운동 관계 피검자에 대한 적용 법령〉, 《3·1운동 50주년 기념 논집》, 1969.

11 정광현, 《3·1독립운동사-판례를 통해서 본》, 법문사, 1978.

12 최종고, 《한국의 법학자》, 서울대학교출판부, 1989, 109·110쪽.

13 윤치호 지음, 박미경 옮김, 〈1929년 3월 12일자 일기〉, 《국역 윤치호 영문일기 8(한국사료총서 번역서 8)》, 국사편찬위원회, 2016.

14 윤치호 지음, 박미경 옮김, 〈1931년 4월 19일자 일기〉, 《국역 윤치호 영문일기 8(한국사료총서 번역서 8)》, 국사편찬위원회, 2016.

15 이 시기 정광현이 기고한 글은 〈여성의 법률〉(총 30회), 《조선중앙일보》 (1934년 11월 16일자~1935년 1월 20일자), 〈조선 여성과 법률〉(총 10회), 《동아일보》(1936년 4월 1일자~25일자), 〈조선 여성의 정조 유린과 위자료〉, 《여성》 제3권 2호, 1938년 2월호 외에도 다수의 논문이 있다.

16 윤치호 지음, 박미경 옮김, 〈1938년 5월 25일자 일기〉, 《국역 윤치호 영문일기 10(한국사료총서 번역서 10)》, 국사편찬위원회, 2016.

17 대화숙은 1941년 1월 사상범의 보호관찰 및 집단 수용, 교육을 통한 황민화를 실현하기 위해 전향자를 중심으로 구성한 단체이다. 전향한 사상범들을 조직적으로 관리하던 보호관찰소의 외곽단체였던 시국대응전선사상보국연맹(時局對應全鮮思想報國聯盟)이라는 전향자 단체를 해체하고, 이

를 사단법인으로 재조직했다. 대화숙에서는 사상범을 집단적으로 수용하여 일본 정신을 강요하는 황도정신수련도장을 운영했다.

18 정광현, 《성씨논고》, 동광당서점, 1940. 최종고는 이 책을 "한국의 가족제도의 원리와 일본의 그것의 차이를 비교할 수 있다. 이처럼 정 박사는 민족의식을 가족법학을 통하여 표현한 것으로 볼 수 있다"라고 호의적으로 평가하지만, 이 책이 조선총독부의 강요로 '창씨개명' 정책을 설명하기 위해 급하게 쓴 관제도서였다는 점을 외면하고 있다(최종고, 《한국의 법학자》, 서울대학교출판부, 1989, 16쪽). 정긍식도 《성씨논고》를 구관제도 조사과 시절에 출판된 첫 저서라고 잘못 파악하고 있으며, 이 저서의 성격을 외면하고 있다(정긍식, 〈설송(雪松) 정광현(鄭光鉉) 선생의 생애와 학문의 여정〉, 《법사학연구》 54, 2016년 10월, 174쪽).

19 〈불허가 출판물 목록(不許可 出版物 目錄)〉(3월분), 《조선출판경찰월보(朝鮮出版警察月報)》 제67호.

20 북한 정권 수립 당시 정두현의 정치적 입지는 탄탄한 편이었다. 1946년 8월 북조선노동당 창당 당시 정두현은 31명의 주석단 중 23번째에 호명되었고, 이때 선출된 43명의 중앙위원 중 31위로 선출되었다. 1948년 3월 27일부터 30일까지 열린 북조선노동당 제2차 당대회에서도 정두현은 59명의 대회 집행부 중 55위로 이름을 올렸다. 이 당대회를 마치면서 북조선노동당은 중앙위원 67명을 선출했는데, 중앙위원 정두현의 서열은 41위였다. 그는 고등교육기관에 적을 둔 사람 중 유일하게 당 중앙위원으로 이름을 올렸다. 그렇지만 1949년 이후 그의 행적은 아직까지 찾지 못했다. 정치적으로 실각한 것일지도 모르지만, 1949년에 61세였기 때문에 자연사했을 가능성도 있다.

21 〈형제 4명은 총살 김원봉 집안 풍비박산-[미국 현지 인터뷰] 약산 김원봉의 조카 김태영 박사〉, 《코리아 위클리(Korea Weekly)》 2015년 10월 9일자.

22 정긍식, 〈설송 정광현 선생의 생애와 학문의 여정〉, 《법사학연구》 54, 2016년 10월.

2. 검찰총장과 남로당원
: 이인과 이철

1 〈전(前) 장관 동생과 장남 시경 사찰과서 돌연 체포〉, 《동아일보》 1950년 2월 27일자. 이용은 신문에 따라 '오촌 조카' 혹은 '생질(甥姪)'로 다르게 표기되었다. 이인·이철의 누이의 아들로 추정된다.

2 〈이인 씨 장남 등 16명을 송청(送廳)〉, 《동아일보》 1950년 3월 8일자. 이 조직의 책임자인 신진균은 도쿄제국대학 사회학과 출신으로 촉망받는 사회학자였다. 해방 이후 역사의 격랑에 휘말려 연구자의 생활을 접고 조직활동에 뛰어들었다. 그에 대해서는 김필동, 〈일제 말기 한 젊은 사회학자의 초상: 신진균론(1)〉, 《한국사회학》, 2017, 〈강단사회학자에서 맑스-레닌주의 이론가로: 신진균론(2)〉, 《사회와 역사》, 2018을 참조할 것.

3 〈이인 씨 장남 등 16명을 송청〉, 《동아일보》 1950년 3월 8일자.

4 〈ML연구회 사건 5명 제외 전원 기소〉, 《조선일보》 1950년 3월 29일자.

5 김성칠, '1950년 7월 20일자' 일기, 《역사 앞에서: 한 사학자의 6·25일기》, 창비, 2009, 132쪽.

6 이인의 재판 투쟁에 대해서는 한인섭, 《식민지 법정에서 독립을 변론하다: 허헌·김병로·이인과 항일재판투쟁》, 경인문화사, 2012를 참조할 것.

7 이인의 가계와 학력, 이력 등은 김덕형, 《한국의 명가: 현대편》, 21세기북스, 2013, 84~94쪽을 참조.

8 김성칠, '1950년 7월 20일자' 일기, 《역사 앞에서: 한 사학자의 6·25일기》, 창비, 2009, 134쪽.

9 김성칠, '1950년 7월 20일자' 일기, 《역사 앞에서: 한 사학자의 6·25일기》, 창비, 2009, 129쪽. 김성칠은 1942년 경성제국대학 법문학부 사학 전공에, 이철은 1943년 법문학부 불문학 전공에 입학했다.

10 이남덕, 고옥남의 이력에 대해서는 정종현, 《제국대학의 조센징》, 휴머니스트, 2019의 10장 〈금녀의 영역, 제국대학으로 유학 간 여성들〉을 참조할 것.

11 김성칠, '1950년 7월 20일자' 일기,《역사 앞에서: 한 사학자의 6·25일기》, 창비, 2009, 129쪽.

12 김성칠, '1945년 12월 5일자' 일기,《역사 앞에서: 한 사학자의 6·25일기》, 창비, 2009, 22쪽.

13 좌협의 본부 사무소인 행림서원과 총판매소인 우리서원의 위치에 대해 박종린의 연구는 약간 다른 견해를 제시한다. 조선정판사 사건의 증인 정영기에 따르면, 안국동 155번지에 자리하던 2층 건물의 2층 행림서원이 조선공산당의 연락사무소였고 1층에 우리서원이 입주해 있었으며 여기에 좌협 본부 사무소가 있었다는 것이다(박종린,《사회주의와 맑스주의 원전 번역》, 신서원, 2018, 224·225쪽). 이에 반해 이두영은 우리서원이 행림서원 바로 맞은편인 관훈동 144번지에 있다가 경운동 69번지로 옮겼다고 본다(이두영,《한국현대출판사》, 문예출판사, 2015, 122쪽).

14 '광고',《중앙신문》1945년 11월 15일자.

15 의장 겸 기획부장 온낙중은 일본 와세다대학을 졸업하고 일제강점기 고려공산청년회 회원 및 ML파의 일원으로 조선공산당 활동을 하다 체포되어 복역했다. 해방 후 민주주의민족전선 중앙위원을 지냈다. 기획부원 김순룡은 김상룡의 6촌 동생으로 일제강점기 경성콤그룹의 기관지 출판부원으로 활동했고, 최승우는 조선공산당 중앙위원회 산하 조선 맑스·엥겔스·레닌연구소의 대표였다(박종린, 위의 책, 224쪽).

16 좌협은 출판 2종, 번역과 감수 각 1종의 출판 활동을 한 것을 확인할 수 있다. 출판한 책은 엥겔스의《유물변증법과 맑스주의》(1946. 2), 레닌의《청년에게 주는 연설》(1946. 2. 1)이다. 좌협의 출판과 번역 활동에 대해서는 이두영,《한국현대출판사》, 문예출판사, 2015, 121~125쪽 참조할 것.

17 김성칠은 그 이야기를 들은 이들이 더러는 "그 맹추, 형 덕에 아직도 고문 맛을 몰라서 철부지로군" 하는 사람도 있고, 더러는 "'역시 철이 철답다' 고 하여 그 사상에는 공명하지 못하여도 그 인간됨에 감탄하였던 것"이라고 전했다(김성칠,《역사 앞에서: 한 사학자의 6·25일기》, 창비, 2009, 136쪽).

18 박갑동은 이철의 죽음에 대해 이렇게 회고했다. "6·25 때 그가 중공군의

일제사격을 받아 억울하게 죽음을 당해 지금도 가슴 아프다"(박갑동,《서울,
平壤, 北京, 東京》, 기린원, 1988, 161쪽).

19 김성칠, '1950년 11월 8일자 일기',《역사 앞에서: 한 사학자의 6·25일기》,
    창비, 2009, 290쪽.

20 김성칠, '1950년 7월 20일자' 일기,《역사 앞에서: 한 사학자의 6·25일기》,
    창비, 2009, 133쪽.

21 김성칠, '1950년 7월 20일자' 일기,《역사 앞에서: 한 사학자의 6·25일기》,
    창비, 2009, 129쪽.

22 〈이인씨가족석방〉,《경향신문》1950년 4월 5일자. 이 기사는 "이 사건의
    혐의로 같이 관련되었던 이인 씨의 가족 중 1명을 제하고는 전부 석방되
    었다"고 전한다. 수감된 사람은 이철뿐이므로 전향 성명과 더불어 이옥도
    석방된 것으로 보인다.

23 이인,《반세기의 증언》, 명지대학교출판부, 1974, 104쪽.

24 프랑스에서의 이옥의 인상에 대해서는 김윤식,《내가 읽고 만난 일본》, 그
    린비, 2012의 4장〈모리 아리마사, 노틀담, 이옥 교수〉를 참조할 것.

3. 공산당 부역자와 '애국가' 작곡가
: 안익조와 안익태

1 〈안익조 등 사형, 어제 시외서 집행〉,《동아일보》1950년 11월 8일자.

2 〈안익조에 사형언도〉,《동아일보》1950년 10월 30일자.

3 〈(184)6·25 20주… 3천여의 증인 회견·내외자료로 엮은 다큐멘터리 한국
   전쟁 3년: 서울 수복(9)-부역자 처리(3)〉,《중앙일보》1971년 6월 4일자.

4 〈수사는 물적증거 위주〉,《동아일보》1950년 10월 30일자.

5 〈선무공작시급-삼사단헌병대장담〉,《경향신문》1949년 9월 24일자.

6 〈군위유치원(軍威幼稚園) 1일(一日)에 개원(開園)〉,《영남일보》1948년 4월

7일자.

7 〈재동경조선기독-청년야구원정단〉,《동아일보》1921년 7월 9일자.

8 〈[발굴 한국야구사](하) 전 조선군, 메이저리그 올스타팀에 3-23으로 참 패하다〉,《조선일보》2013년 4월 22일자(인터넷판).

9 호외생(號外生), 〈레코드의 열광시대-경쟁의 한 토막 이야기〉,《별건곤》 1933년 11월호, 30면.

10 〈콜럼비아 음악단 일행 귀경-북조선 순회를 마치고〉,《조선중앙일보》 1934년 10월 5일자.

11 〈기밀실(機密室)-우리 사회의 제내막(諸內幕)〉,《삼천리》12권 10호, 1940년 12월호.

12 〈인사〉,《매일신보》1943년 6월 8일자.

13 이경분,《잃어버린 시간 1938~1944-세계적인 음악가 안익태의 숨겨진 삶을 찾아서》, 휴머니스트, 2007. 이경분은 유럽의 문서고를 뒤져 당시 안 익태의 활동상을 재구성했다. 안익태에 대한 서술은 이경분의 연구를 참 조했음을 밝혀둔다.

14 〈안 헌병대장과 일문일답, '충무사' 드디어 해체 가자(假者)헌병 엄중처 단〉,《남선경제신문》1950년 3월 23일자.

4. '서유견문'의 후예들
: 유만겸과 유억겸

1 〈創氏せぬとは心外愈をそのまま氏としたのだ〉,《京城日報》, 1940년 8월 26일자.

2 유동준,《유길준전》, 일조각, 1987, 313쪽.

3 송우혜,《윤동주 평전》, 서정시학, 2014, 306~309쪽.

4 김명배, 〈개화기의 영어〉,《월간영어》, 1979년 10월. 여기서는 유동준,《유

길준전》, 일조각, 1987, 312쪽 재인용.

5 〈본회 회원록〉,《대한흥학보》3호, 1909년 5월 20일.

6 유만겸, 〈9년 성상(九年星霜)〉,《학지광》제13호, 1917년 7월, 특별대부록(特別大附錄) 1쪽.

7 유만겸, 〈지나철도론(支那鐵道論)(부附만주총람滿洲總覽)〉,《학지광》제13호, 1917년 7월, 68~79쪽.

8 광화학인(光化學人), 〈신(新)지사 인물평(一), 충북지사 유만겸론〉,《삼천리》제11권 제7호, 1939년 6월, 16~18쪽.

9 유만겸의 "1930. 2. 13 편지", 이형식 편저,《모리야 에이후 관계문서(守屋榮夫關係文書)》, 아연출판부, 2021, 265·266쪽.

10 흥업구락부는 1925년 3월 국내에서 신흥우 등 조선기독교청년회 계열의 민족주의자들이 조직한 독립운동 단체이다. 당시 미국에서 활동하고 있던 이승만 중심의 독립혁명동지회의 정강을 지도정신으로 삼았다. 이들은 신간회 결성에 적극 참여하고 미국의 이승만에게 비밀리에 독립 자금을 보내는 등 활발하게 활동했다. 1937년 윤치호, 신흥우 등이 검거된 데 이어 1938년에는 100여 명의 흥업구락부 회원이 검거되고 그중 52명이 치안유지법 위반으로 기소되었는데, 이를 흥업구락부 사건이라고 한다.

11 광화학인(光化學人), 〈신(新)지사 인물평(一), 충북지사 유만겸론〉,《삼천리》제11권 제7호, 1939년 6월, 16쪽.

12 〈李承晩對興業俱樂部幹部卜ノ宿命的友情關係〉(地檢秘 제1253호), 소화13년(1938) 8월 9일. 여기서는 정병준,《우남 이승만 연구》, 역사비평사, 2005, 284쪽 재인용. 이승만의 국내 인맥에 대해서는 정병준,《우남 이승만 연구》, 284~290쪽을 참조.

13 제1회 조선 대표는 송진우·신흥우·윤활란·서재필·김양수·유억겸, 제2회 대표는 백관수·김활란·유억겸, 제3회 대표는 윤치호·유억겸·김활란·송진우·백관수였다.

14 〈흥업구락부 사건 금(今) 삼일(三日) 일부 해금(解禁)〉,《동아일보》1938년 9월 4일자(석간).

15 윤치호 지음, 박미경 옮김, 〈1938년 8월 22일 월요일〉, 《국역 윤치호 영문 일기 10(한국사료총서 번역서 10)》, 국사편찬위원회, 2016.

16 윤치호 지음, 박미경 옮김, 〈1938년 9월 3일 토요일〉, 《국역 윤치호 영문일 기 10(한국사료총서 번역서 10)》, 국사편찬위원회, 2016.

17 윤치호 지음, 박미경 옮김, 〈1938년 9월 3일 토요일〉, 《국역 윤치호 영문일 기 10(한국사료총서 번역서 10)》, 국사편찬위원회, 2016. 전향성명서의 상세 한 내용에 대해서는 〈성명서〉, 《동아일보》 1938년 9월 4일자(석간).

18 친일인명사전편찬위원회, 《친일인명사전-친일문제연구총서 인명편 2》, 민족문제연구소, 2009, 601~603쪽.

19 변영로, 〈근(勤)의 인(人) 유억겸〉, 유동준, 《유길준전》, 일조각, 1987, 320쪽 재인용.

20 홍이섭, 〈좌담: 인물로 본 한국사-고종 병자(丙子) 이후〉, 《인물로 본 한국 사-월간중앙 1973년 1월호 부록》, 중앙일보사, 1973, 227쪽.

21 유동준, 《유길준전》, 일조각, 1987, 315쪽.

22 유동준, 《유길준전》, 일조각, 1987, 274·275쪽.

23 〈호경기와 지가고(地價高)로 악성뿌로커 발호(跋扈)〉, 《조선일보》, 1937년 3월 21일자(석간).

5. 근대 한국의 인플루언서
: 김성수와 김연수

1 김상형 편, 《수당 김연수》, 수당기념사업회, 1971, 135쪽.

2 김기중·김경중 형제는 김성수를 전라남도 창평의 사립학교인 '영학숙'과 전 라북도 군산의 금호학교 등지에서 교육했다. 김기중·김경중 형제는 1908년 고향 부안 줄포에 사립학교인 영신학교(지금의 줄포초등학교)를 설립했다.

3 김성수는 1962년 대한민국 건국공로훈장을 받았지만, 식민지 말기 국민

정신총동원조선연맹 발기인과 이사, 흥아보국단과 임전보국단 감사 등 각
종 친일단체에 참여하고 《매일신보》 같은 매체에 학병 지원 독려문을 기
고한 행적이 밝혀져 2018년 국무회의 의결로 건국공로훈장이 취소되었
다. 김성수의 친일 이력에 관해서는 《친일인명사전-친일문제연구총서 인
명편 1》, 민족문제연구소, 2009를 참조할 것.

4   〈만목(萬目) 주시하는 3대 쟁패전〉, 《삼천리》 제4권 제4호, 1932년 4월, 46쪽.

5   김연수는 전시체제기에 만주국 명예총영사, 중추원 칙임참의, 조선임전보
국단 상무이사, 국민총력조선연맹 후생부장 등 각종 친일단체에서 활동했
으며, 조선총독부 청년훈련소에 1만 원을 비롯한 다액의 헌금을 했고, '선
배격려대'의 일원으로 일본 유학생들에게 학병 권유 연설을 했다. 그의 친
일 활동에 대해서는 《친일인명사전-친일문제연구총서 인명편 1》, 민족문
제연구소, 2009를 참조할 것.

6   삼양사 편, 《수당 김연수》, 삼양사, 1985, 206쪽.

7   대표적으로는 카터 J. 에커트의 《제국의 후예》(푸른역사, 2008)와 주익종의
《대군의 척후》(푸른역사, 2008)의 엇갈리는 관점을 예로 들 수 있다.

8   세키야 데이자부로(1875~1950)는 도쿄제국대학 법률학과 출신으로 고등
문관시험을 거쳐 타이완, 조선, 관동주(關東州) 등의 식민지에서 여러 직위
를 역임했다. 조선에서는 1910년부터 1917년까지 학무국 국장과 중추원
서기관장을 맡았고, 귀국해서는 궁내성 차관과 귀족원 의원 등을 지냈다.

9   김연수가 만든 육영회는 국내 대학생에게는 매월 40엔을, 전문학교 학생
에게는 매월 35엔을 지급했고, 국외 유학생의 경우 대학생에게 매월 50엔
을, 고등학생이나 전문학교 학생에게는 매월 45엔을 지급키로 했다고 한
다. 리승기, 박철재, 조규경, 이태규 등의 과학자에게는 연구비 500엔씩을
보조했다. 삼양사 편, 《수당 김연수》, 삼양사, 1985, 160쪽.

10   도쿄에 파견된 선배격려대는 "김연수, 최남선, 가야마(香山光郎, 이광수), 김
명학, 이충영, 김양하, 강정택, 가네하라(金原光根, 김광근)" 등 9명이었다.
〈격려대 제씨 활약〉, 《매일신보》 1943년 11월 14일자.

11   김연수, 〈조선 학병이여, 빛나는 내일로〉, 《경성일보》 1944년 1월 19일자.

12 이광수, 〈김성수론〉, 《동광》 25호, 1931년 9월호, 25쪽.

13 이광수, 〈김성수론〉, 《동광》 25호, 1931년 9월호, 25쪽.

14 삼양사 편, 《수당 김연수》, 삼양사, 1985, 54쪽.

15 이광수, 〈김성수론〉, 《동광》 25호, 1931년 9월호, 25쪽.

6. 어느 식민지 조선귀족 형제의 삶
: 민태곤과 민태윤

1 작위를 거부한 8명은 유길준, 김석진, 조정구, 민영달, 윤용구, 조경호, 한규설, 홍순형이다.

2 정지용, 〈카페 프란스〉, 《학조》 창간호, 교토학우회, 1926, 89쪽.

3 사나다 히로코, 《최초의 모더니스트 정지용》, 역락, 2002, 125쪽.

4 정지용의 장남 정구관 씨의 회고에 근거함. 사나다 히로코, 《최초의 모더니스트 정지용》, 역락, 2002, 152쪽.

5 이태준, 《이태준전집》 3, 소명출판, 2015, 216쪽.

6 아들이 없던 민철훈은 민재의(閔載禕)를 양자로 입적한다. 민재의가 일찍 사망하면서 민철훈의 남작 작위를 민재의의 아들 민규현이 습작했다. 간략한 가계도로 설명하자면, '민종묵-민철훈-(민재의: 습작 전에 조기 사망)-민규현-민태곤·민태윤'의 5대에 걸친 다섯 명의 남작 작위 습작을 확인할 수 있다. 5대 습작은 조선귀족 가문 중 유일한 경우다.

7 〈민태곤 씨 습작(襲爵)〉, 《조선신문》 1934년 12월 16일자.

8 일본 경찰은 오창근, 민태곤 등 도호쿠제국대학 및 제2고 학생 11명을 1941년 12월 9일에 검거했고, 이들의 범죄 피의 사실을 '민족공산주의운동'이라 명명했다. 내무성 경보국 보안과(內務省警保局保安課), 《특고월보(特高月報)》, 1942년 1월호, 114쪽.

9 민태곤 등의 행적에 대해서는 〈독립유공자 공훈록〉(공훈전자사료관) 및 변

은진,《일제 말 항일비밀결사운동 연구-독립과 해방, 건국을 향한 조선 민중의 노력》, 도서출판 선인, 2018, 278~280쪽 참조.

10 민종묵의 차남 민부훈은 경성제일고등보통학교와 가쿠슈인, 교토제국대학 법학부를 졸업하고, 고등문관시험 사법과에 합격하여 판사가 되었다. 부산지방법원 판사, 대구지방법원판사 등을 거치며 안동콤그룹 사건의 이필, 권중택 등의 재판과 전라도 지역의 사회주의자 윤승현, 김시중, 송종근, 고형주 등의 재판에 참여했다. 소송인에게 뇌물을 수수한 혐의로 관직에서 물러나 변호사 개업을 했다.

11 민태윤의 구술, 서울특별시시사편찬위원회,《서울역사구술자료집(3)-서울 사람이 겪은 해방과 전쟁》, 도서출판 선인, 2011, 25쪽.

12 〈민태곤 남(男)〉,《매일신보》1944년 11월 24일자: "그동안 신병으로 요양 중이던 바 11월 22일 오전 0시 20분 부외 미아리 564번지 자택에서 별세하였다. 향년 28세이다."

13 민태윤의 구술, 서울특별시시사편찬위원회,《서울역사구술자료집(3)-서울 사람이 겪은 해방과 전쟁》, 도서출판 선인, 2011, 25쪽.

14 김효순《한겨레》기자가 쓴《나는 일본군, 인민군, 국군이었다》, 서해문집, 2009는 관동군으로 징집되어 패전 후 시베리아 억류자가 되었다가 석방되어 북한을 거쳐 다시 남한으로 넘어온 이들의 고단한 삶을 추적했다. 이들 중 많은 사람이 바로 갑자생으로, 징병제의 첫 대상자였다.

15 친일인명사전편찬위원회,《친일인명사전-친일문제연구총서 인명편 1》, 민족문제연구소, 2009, 806·807쪽.

7. 국내 사회주의운동의 개척자 형제
: 김사국과 김사민

1 〈조선 유일 공산당 조직 문제에 관한 보고-본동맹과 화요회와의 교섭 전말

(朝鮮唯一共産黨組織問題に關する報告-本同盟と火曜會との交渉顚末)〉, 1926년 10월, 148~153쪽. 러시아 문서보관소에 보관되어 있는 이 자료는 서울청년회 내 콤그룹인 고려공산동맹이 화요파 조선공산당과 추진한 통합 논의를 코민테른에 보고한 문서이다. 전명혁,《1920년대 한국사회주의 운동연구》, 도서출판 선인, 2006, 303~312쪽 참조.

2   아직까지 식민지 조선의 초창기 사회주의운동과 조선공산당의 복잡한 역사를 명료하게 정리한 책을 만나지는 못했다. 그렇지만 초기 사회주의운동의 각기 다른 공간과 분파에 초점을 맞춘 다음의 훌륭한 단행본들을 종합해 읽어보면 그 윤곽을 그릴 수 있다. 임경석,《한국 사회주의의 기원》, 역사비평사, 2003; 이현주,《한국 사회주의 세력의 형성-1919~1923》, 일조각, 2003; 전명혁,《1920년대 한국사회주의 운동연구》, 도서출판 선인, 2006.

3   1925년 11월 22일 밤 10시 무렵 신의주 경성식당 2층에서 신의주의 청년단체인 신만청년회 회원들이 결혼식 피로연을 열고 있었다. 1층에서는 변호사 박유정 등이 신의주경찰서의 순사와 회식 중이었다. 실랑이 끝에 청년회원들은 이들을 집단 구타했다. 이 일로 일본 경찰의 가택수색이 있었고, 청년회원의 집에서 고려공산청년회 책임비서 박헌영이 코민테른에 보내는 '고려공산청년회 중앙집행위원회의 회원 자격 사표(査表)'와 통신문 세 통이 발견되었다. 이후 고려공산청년회에 대한 경찰의 일제 검거가 시작되었고, 이는 조선공산당에까지 타격을 주어 활동을 위축시켰다.

4   〈조선 유일 공산당 조직 문제에 관한 보고-본동맹과 화요회와의 교섭 전말(朝鮮唯一共産黨組織問題に關する報告-本同盟と火曜會との交渉顚末)〉, 1926년 10월, 148쪽. 전명혁,《1920년대 한국사회주의 운동연구》, 도서출판 선인, 2006에서 재인용.

5   〈김사국 씨 영면-조선사회운동의 중진으로 파란중첩한 씨의 삼십 평생〉,《동아일보》1926년 5월 10일자.

6   〈오인(嗚咽) 처창리(悽愴裡) 김씨 추도식 거행-거긔에도 금지가 여러차〉,《조선일보》1927년 5월 10일자(석간).

7   김사국, 김사민의 가계와 출생일, 부친 사망의 정확한 시기 등은 당대 신문

마다 각기 다르게 보도하여 혼란을 초래한다. 최근 전명혁은 김사국의 호적부 발굴을 통해 이 문제를 정리했다. 김사국의 호적상 출생일은 1895년 11월 9일이지만, 이는 호적상 기재 착오나 늦은 출생신고로 1892년 11월 9일생이다. 동생 김사민은 그와 여섯 살 터울인 1898년생이며, 그들의 부친 김경수가 사망한 시기는 김사민이 호주를 승계한 광무 8년(1904) 무렵, 즉 김사국이 13세 때로 보인다. 이상은 전명혁, 《1920년대 한국사회주의 운동연구》, 도서출판 선인, 2006, 434·435쪽.

8 〈비극접종(悲劇接踵)하는 고(故) 김사국 씨 가정〉, 《동아일보》 1928년 1월 8일자.

9 〈3·1절을 앞두고 떠오르는 피의 기록-당시의 전국학생대표 강기덕씨담(康基德氏談)〉, 《경향신문》 1950년 2월 26일자.

10 이에 대해서는 이현주, 《한국 사회주의 세력의 형성-1919~1923》, 일조각, 2003; 전명혁, 《1920년대 한국사회주의 운동연구》, 도서출판 선인, 2006을 참조.

11 〈담군총취체(擔軍總取締) 문제〉, 《동아일보》 1922년 10월 23일자.

12 '소식', 〈청년조선 1〉, 1922년 2월 15일. 여기서는 임경석, 〈임경석의 역사극장-혁명으로 살다간 '붉은 형제'〉, 《한겨레21》 1165호, 2017. 6. 7에서 재인용.

13 김사국, 〈현하(現下) 조선에 대한 우려점과 희열점-세 가지 걱정과 세 가지 기쁨〉, 《개벽》 제66호, 1926년 2월호, 36쪽.

14 한기형, 〈통속과 반통속, 염상섭의 탈식민 서사〉, 《식민지 문역》, 성균관대학교출판부, 2019.

15 임경석, 〈임경석의 역사극장-혁명으로 살다간 '붉은 형제'〉, 《한겨레21》 1165호, 2017. 6. 7.

16 〈김씨는 1년간 거주제한〉, 《동아일보》 1920년 9월 2일자. 이 기사에서는 적덕도(積德島)라고 했는데, 덕적도의 오기인 것으로 보인다.

17 〈재옥 중의 김사민, 간수(看守)의 검으로 간수를 작상(斫傷)〉, 《조선일보》 1923년 2월 2일자.

18 〈김사민의 위독설〉, 《조선일보》 1923년 5월 9일자.

19 박헌영, 〈죽음의 집, 한국의 감옥에서〉, 《모쁘르의 길》. 임경석, 〈박헌영과 김단야〉, 《역사비평》 2000년 겨울호, 128·129쪽에서 재인용.

20 〈방초는 푸르것만 (4)가고 못 오는 이의 유족은?〉, 《조선일보》 1933년 5월 4일자(석간).

8. '아카'에서 '빨갱이'로, 혁명가 남매의 비극
: 김형선·김명시·김형윤

1 홍운표는 김형선과 함께 활동하다 검거되어 치안유지법으로 실형을 살았다. 홍운표의 가택수색에서 상하이에서 온 편지가 발각되어, 이를 단서로 상하이 일본영사관 경찰대가 박헌영을 체포하여 경성으로 이송했다(〈홍운표 가택수색으로 의외에 소재판명〉, 《동아일보》 1933년 8월 8일자).

2 〈백주에 자동차 몰아 경성 잠입타가 피체〉, 《동아일보》 1933년 7월 16일자.

3 〈십년 전부터 지하운동에 국경 잠입 전후 오차〉, 《동아일보》 1933년 7월 18일자.

4 일제감시대상인물카드에는 김형선이 쓴 이명(異名)으로 김형수(金炯壽), 최상문(崔尙文), 최상순(崔相淳), 권평근(權平根), 김원식(金元植) 등을 적고 있다.

5 5남매라는 자료도 있지만, 이름이 확인되는 것은 4남매뿐이다. 막내 여동생인 김복수(金福壽)에 대해서는 알려진 바가 없다.

6 코민테른의 〈12월 테제〉와 프로핀테른과 범태평양노동조합 비서부의 〈조선의 혁명적 노동조합운동의 임무에 관한 테제〉('9월 테제'), 〈조선의 범태평양노동조합 비서부 지지자에 대한 동비서부의 서신〉('10월 서신')의 내용과 그 문건들이 조선공산당 재건운동에 끼친 영향에 대해서는 최규진, 《한국독립운동의 역사 44-조선공산당 재건운동》, 독립기념관 한국독립운

동사연구소, 2009, 16~23쪽 참조.

7   최규진, 《한국독립운동의 역사 44-조선공산당 재건운동》, 독립기념관 한
    국독립운동사연구소, 2009, 108~110쪽 참조.

8   임경석, 〈잡지 '콤무니스트'와 국제선 공산주의그룹〉, 《근대전환기 동아시
    아 삼국과 한국-근대인식과 정책》, 성균관대학교출판부, 2006, 511쪽.

9   오기영, 《사슬이 풀린 뒤》, 성균관대학교출판부, 2003, 91쪽.

10 오기영, 《사슬이 풀린 뒤》, 성균관대학교출판부, 2003, 94쪽. 오기영은 김
    형윤이 "징역을 치르고 세상에 나왔다가 다시 감옥에 끌려가 역시 해방과
    함께 자유로운 공기를 마시었다"고 전하고 있다. 김형윤 역시 '볼세비키
    사' 이후 다른 활동으로 감옥에 갇혔던 것으로 보이지만, 아직까지 정확한
    사실관계를 확인하진 못했다.

11 〈남로당 감찰위원 김형선 씨 무사 석방〉, 《신민일보》 1948년 3월 4일자.
    "남로당 중앙감찰위원회 부위원장 김형선 씨는 작년 12월 6일 피검되어
    종로서에 유치중이던 바 지난 26일 석방되었다."

12 〈김명시 자살〉, 《경향신문》 1949년 10월 11일자.

13 〈치안염려 없다 택시 이부제 실시를 고려〉, 《경향신문》 1949년 10월 14일자.

14 〈독립동맹은 임정과 협조〉, 《동아일보》 1945년 12월 23일자.

15 〈여류혁명가를 찾아서〉, 《독립신보》 1946년 11월 21일자.

16 한국외대 디지털인문한국학연구소 엮음, 《러시아문서보관소 자료집 1 문
    서번역집-모스크바 동방노력자공산대학(1921~1938)의 한인들》, 한울아
    카데미, 2020, 20쪽.

17 임경석, 〈젊은 여성 동지를 팔아넘긴 배신자〉, 《한겨레21》 1320호, 2020.
    7. 3.

18 한국외대 디지털인문한국학연구소 엮음, 《러시아문서보관소 자료집 1 문
    서번역집-모스크바 동방노력자공산대학(1921~1938)의 한인들》, 한울아
    카데미, 2020, 133쪽. 제2한인소조 평정서 논의 회의록에 따르면, 스베틸
    로바(김명시)는 소조 평균 이하, 1년간 사업 결과 불만족, 계속 학업 불가능
    으로 평가되어 있다(한국외대 디지털인문한국학연구소 엮음, 《러시아문서보관소

자료집 1 문서번역집-모스크바 동방노력자공산대학(1921~1938)의 한인들》, 한울아카데미, 2020, 145쪽).

19 김명시가 체포되는 자세한 경위는 지중세 편역,《조선 사상범 검거 실화집》, 돌베개, 1984, 211~213쪽.

20 임경석, 〈젊은 여성 동지를 팔아넘긴 배신자〉,《한겨레21》1320호, 2020. 7. 3.

21 〈여류혁명가를 찾아서〉,《독립신보》1946년 11월 21일자.

22 여장군 김명시의 서훈 신청을 해온 '열린사회희망연대'는 그에 대한 포상을 가로막고 있는 '북로당 정치위원'이라는 당시 신문보도가 사실과 다르다고 주장한다. 이 단체에 따르면, 국토통일원에서 펴낸 〈북조선로동당 창립대회 자료집〉(1988)과 2차 당대회 자료집을 검토했지만 정치위원 명단에 김명시는 없었다는 것이다. 또한 북한이 이른바 혁명열사들을 안장한 신미리애국열사릉에도 김명시의 '가묘'가 없다는 점을 지적하며 북한 정권과 관련없는 김명시의 서훈을 요청하고 있다. 김명시의 서훈에 대한 현재 상황에 대해서는 윤성효, 〈김명시 장군, 누구보다 독립운동 강하게 했는데〉,《오마이뉴스》, 2021년 11월 8일자 참조.

23 오기영,《사슬이 풀린 뒤》, 성균관대학교출판부, 2003, 114쪽.

9. 혁명가 집안에서 나고 자란 혁명가 형제
: 오기만·오기영·오기옥

1 경주 최부잣집 형제에 대해서는 이재석·이세중·강민아 지음,《밀정, 우리 안의 적》, 지식너머, 2020, 162~171쪽 참조.

2 3·1운동과 관련된 이 집안의 상황은《사슬이 풀린 뒤-동전 오기영 전집 1》, 모시는사람들, 2019의 내용을 토대로 정리한 것이다.

3 《사슬이 풀린 뒤-동전 오기영 전집 1》, 모시는사람들, 2019, 83·84쪽.

4   '치안유지법 위반 피의자 오기만의 취조에 관한 건', 〈경고특비(京高特秘)
     제2306호 경찰정보철(警察情報綴)(소화 9년)〉. 여기서는 〈오기만 조서 번
     역문(1934)〉, 《동전 오기영 전집 6-류경(柳京) 8년》, 모시는사람들, 2019,
     337쪽에서 재인용.

5   과수원에서 함께 노동하던 오기만·오기영 형제는 까닭 없이 끌려가 술 취
     한 고등계 주임이 "두 머리를 수없이 맞장구를 치는 바람에 머리가 터지
     고, …… 몽둥이로 전신을 두들겨 맞고 사흘을 유치장 속에서 일어나지 못
     한 일도 있었다."《사슬이 풀린 뒤-동전 오기영 전집 1》, 모시는사람들,
     2019, 90쪽.

6   〈육씨(六氏) 검속 백천신간지회 준비위원제씨〉, 《조선일보》 1928년 4월 20일
     자(석간) ; 〈오씨(伍氏)는 석방 오씨 송국〉, 《조선일보》 1928년 4월 28일자
     (석간). 신간회 설립대회 삐라 살포 사건으로 50원 벌금형을 받은 사실은
     〈오기만 조서 번역문(1934)〉, 《동전 오기영 전집 6-류경(柳京) 8년》, 모시
     는사람들, 2019, 337쪽 참조.

7   〈오기만 조서 번역문(1934)〉, 《류경(柳京) 8년-동전 오기영 전집 6》, 모시
     는사람들, 2019, 336·337쪽.

8   이 시기 오기만과 함께했던 김찬의 활동상은 오기만의 동선과 겹친다. 이
     를 통해 오기만의 활동상을 유추해볼 수 있다. 진남포와 평양에서의 김찬
     의 활동상은 원희복, 《사랑할 때와 죽을 때-한·중 항일혁명가 부부 김찬·
     도개손 평전》, 공명, 2015, 141~154쪽 참조.

9   오기영은 수기에서 상하이 프랑스 조계에 숨어 있던 오기만이 다른 범인
     을 잡으려는 프랑스 경관에 붙잡혀 실수로 일본영사관에 넘겨져 압송되
     었다고 설명하고 있다. 그런데 훗날 상하이 일본 영사 이시이 이타로가 프
     랑스 영사에게 오기만 체포 협조 요청에 응해준 데 대한 감사 서신을 보낸
     것이 밝혀졌다. 오기영의 수기에 착오가 있었던 듯하다.

10   〈집행정지로 오기만 출소〉, 《조선일보》 1936년 6월 13일자(석간).

11   오기영, 《사슬이 풀린 뒤-동전 오기영 전집 1》, 모시는사람들, 2019, 170쪽.

12   오기영, 〈꽃 잃은 나비〉, 《동아일보》 1923년 8월 19일자.

13 무호정인, 〈을밀대상의 체공녀(滯空女), 여류 투사 강주룡 회견기〉, 《동광》 23호, 1931년 7월 5일.

14 《3면 기자의 취재-동전 오기영 전집 5》, 모시는사람들, 2019, 319쪽.

15 《3면 기자의 취재-동전 오기영 전집 5》, 모시는사람들, 2019, 323쪽.

16 이상에 대해서는 오기영, 〈도산 선생의 최후〉, 《동광》 1947년 5월호를 참조할 것.

17 오기영, 《사슬이 풀린 뒤-동전 오기영 전집 1》, 모시는사람들, 2019, 216·217쪽.

18 감옥에서 풀려난 오기영 동생과 조카 들의 후일담은 상세히 알려져 있지 않다. 다만, 해방기에 '조선민주청년동맹(민청)'에서 오기옥의 지도를 받았던 작가 겸 재야 사상가인 전우익이 그에 대해 회상한 육필 원고가 남아 있다. 그에 따르면, 오기옥은 민청 위원장으로 활동했지만, 1948~1950년의 혼란기에 그 행방이 묘연해졌다고 한다(이에 대해서는 〈전우익 회고글〉, 《류경(柳京) 8년-동전 오기영 전집 6》, 모시는사람들, 2019, 358~363쪽 참조).

19 오기영, 《사슬이 풀린 뒤-동전 오기영 전집 1》, 모시는사람들, 2019, 31쪽.

20 오기영, 《사슬이 풀린 뒤-동전 오기영 전집 1》, 모시는사람들, 2019, 31쪽.

21 오기영, 《사슬이 풀린 뒤-동전 오기영 전집 1》, 모시는사람들, 2019, 31쪽.

22 오기영, 〈미소 양국 인민에 보내는 공개장 제1부: 미 인민에 보내는 글월〉, 《새한민보》 3권 13호, 1949. 6. 10. 여기서는 《삼면불-동전 오기영 전집 4》, 모시는사람들, 2019, 323쪽에서 재인용.

10. 악인전, 매국적과 창귀
: 선우순과 선우갑

1 〈칠가살〉, 《독립신문》 1920년 2월 5일자.

2 〈함흥과 원산의 인물백태(人物百態)〉, 《개벽》 제54호, 1924년 12월호, 104쪽.

3 안홍의숙은 측량을 가르친 학교로, 선우순은 제1회 졸업생 중에서도 우등 생이었다. 〈안흥의숙 졸업식〉,《대한매일신보》1908년 12월 6일자.

4 〈국가론의 개요〉는《서북학회월보》8호(1909. 01), 9호(1909. 02), 11호 (1909. 04), 12호(1909. 05), 13호(1909. 06), 14호(1909. 07)에 실렸다.

5 〈평양지국개설〉,《매일신보》1912년 6월 7일자.

6 평양 기성교회의 역사에 대해서는 옥성득, 〈평양 조합교회의 성장과 쇠 퇴〉,《기독교사상》728호, 2019. 8을 참조.

7 대동동지회의 성격과 기관지《공영(共榮)》의 친일논리에 대해서는 박종 린, 《《공영》을 통해 본 대동동지회의 활동과 친일논리〉,《역사와 현실》69, 2008을 참조할 것.

8 김민철에 따르면, 1919년 공식적인 경찰예산 1,700만 엔 중 기밀비가 400 만 엔에 이르렀다. 이는 당시 조선총독부의 교육예산과 맞먹는 수치로, 기 밀비는 매년 공식 경찰예산의 8분의 1에서 10분의 1을 차지했다(김민철, 〈총독 관저를 드나든 조선인들〉, 한국역사연구회,《우리는 지난 100년 동안 어떻게 살았을까 3》, 역사비평사, 1999, 74쪽).

9 강동진,《일제의 한국침략정책사》, 한길사, 1980, 169~171쪽.

10 친일인명사전편찬위원회,《친일인명사전-친일문제연구총서 인명편 2》, 민족문제연구소, 2009, 287쪽.

11 선우순, 〈내선일체론에 대하여(內鮮一體論について)〉,《조선과 조선민족(朝 鮮及朝鮮民族) 1》, 조선사상통신사(朝鮮思想通信社), 1927, 208쪽.

12 〈석방 시세가 천 원인가〉,《동아일보》1922년 2월 12일자. 〈선우순 사건, 결국 불기소〉,《매일신보》1922년 2월 19일자.

13 〈대동동지회장이 인력거군에게 피소〉,《동아일보》1924년 2월 28일자.

14 이를 '고장신립(故障申立)'이라고 한다. https://jpsearch.go.jp/item/ dignl-795584 〈日本民事訴訟法〉(1890), 246~265조.

15 〈정탐 선우갑이 상해로 가〉,《신한민보》1919년 10월 18일자.

16 도진순 주해,《백범일지》, 돌베개, 2017, 304·305쪽.

17 1938년 5월 민족주의 계열의 한국국민당, 한국독립당, 조선혁명당이 통

합 논의를 위해 조선혁명당 당사 남목청에 모였을 때 조선혁명당원이었던 이운한이 권총을 난사하여 현익철이 숨지고 김구, 유동열, 이청천이 부상을 입은 사건이다. 김구는 이 사건의 배후로 밀정 박창세를 지목했다. 이에 대해서는 이재석·이세중·강민아 지음,《밀정, 우리 안의 적》, 지식너머, 2020, 211~218쪽 참조.

18 〈검찰사무에 관한 기록 1: 선우갑의 행동에 관한 건(1925. 10. 9 발신)〉, 국내 항일운동 자료 경성지방법원 검사국 문서, 국사편찬위원회 한국사데이터베이스.

19 〈구악을 열거 검사국에 고발〉,《동아일보》1927년 11월 28일자.

20 이에 대해서는 방송을 토대로 출간한 이재석·이세중·강민아 지음,《밀정, 우리 안의 적》, 지식너머, 2020을 참조할 것.

21 이외에도 선우갑은 문명하와의 이혼 소송에서 패소하자 분개하여 재판에 결정적인 증언을 한 문명하의 의형제 손경근을 위증죄로 제소하여 괴롭혔다. 〈패소한 선우갑 증인 걸어 고소〉,《동아일보》1928년 12월 14일자.

22 〈대동강 반월도에서 삼백 민중의 대소(大騷)〉,《조선일보》1921년 7월 22일자.

11. 오빠들이 떠난 자리
: 임택재와 임순득

1 조선희,《세 여자: 20세기의 봄》1·2, 한겨레출판, 2016. 손석춘의 《코레예바의 눈물》, 동하, 2016도 여성 사회주의자 주세죽의 생을 그린 작품으로 특기할만하다.

2 임화, 〈우리 오빠와 화로〉,《조선지광》1929년 2월호. 여기서는 임화문학예술전집 편찬위원회 편,《임화문학예술전집 1 - 시》, 소명출판, 2009, 55~57쪽 재인용.

3 최근 한국 근대문학 연구에서는 임순득에 대해 많은 관심을 보이고 있다.

그중에서도 임순득에게서 '대안 주체성'의 가능성을 발견하고, 그녀의 생애와 작품에 대해 고증하고 있는 이상경,《임순득, 대안적 여성 주체를 향하여》, 소명출판, 2009는 주목해야 할 저작이다. 이 책에서 많은 도움을 받았음을 밝혀둔다.

4 임택재 공술(任澤宰 供述),〈피의자 신문조서(被疑者 訊問調書)〉, 1934년 5월 5일. 여기서는 이상경,《임순득, 대안적 여성 주체를 향하여》, 소명출판, 2009, 31쪽에서 재인용.

5 임사명,〈고향〉,《낭만》창간호, 1936년 11월호, 73쪽.

6 임사명,〈고향〉,《낭만》창간호, 1936년 11월호, 73쪽.

7 임사명,〈고향〉,《낭만》창간호, 1936년 11월호, 73쪽.

8 1930년대 경성 지역을 중심으로 한 혁명적 노동운동에서 신화적 존재로 평가받는 사회주의자다. 경성트로이카, 경성재건그룹, 조선공산당재건 경성준비그룹 등을 통해 대중적 노동운동을 전개하다가 체포되어 1944년 옥사했다. 이재유에 대해서는 김경일,《이재유 나의 시대 나의 혁명-1930년대 서울의 혁명운동》, 푸른역사, 2007을 참조할 것.

9 〈임택재 증인신문조서(1937년 3월 4일 작성)〉, 이상경,《임순득, 대안적 여성 주체를 향하여》, 소명출판, 2009, 512쪽 참조.

10 김경일,《이재유 나의 시대 나의 혁명-1930년대 서울의 혁명운동》, 푸른역사, 2007, 55·56쪽.

11 임택재가 1935년 12월 6일 경성지방법원 야마시타 히데키 판사에게 제출한〈진정서〉, 번역본은 이상경,《임순득, 대안적 여성 주체를 향하여》, 소명출판, 2009, 504~510쪽을 참조.

12 임택재,〈진정서〉; 이상경,《임순득, 대안적 여성 주체를 향하여》, 소명출판, 2009, 505쪽.

13 임사명,〈고향〉·〈어두운 방의 시편들〉·〈독백〉,《낭만》창간호, 1936년 11월호; 임사명,〈말〉,《비판》1938년 3월호; 임사명,〈십년, 또 십년〉,《시학》2, 1939년 5월호.

14 임사명,〈어두운 방의 시편들〉,《낭만》창간호, 1936년 11월호, 74쪽.

15 임사명, 〈독백〉, 《낭만》 창간호, 1936년 11월호, 81쪽.

16 임사명, 〈독백〉, 《낭만》 창간호, 1936. 11월호, 84쪽.

17 임사명, 〈십년, 또 십년(遺稿)〉, 《시학》 2, 1939년 5월호, 19~21쪽. 현대 맞춤법에 맞게 수정했다.

18 전숙희, 〈우정과 배신〉, 《전숙희 문학전집 1-문학, 그 고뇌와 기쁨》, 동서문학사, 1999, 137쪽.

19 전숙희, 〈감방 생활도 해보고〉, 《전숙희 문학전집 1-문학, 그 고뇌와 기쁨》, 동서문학사, 1999, 141~145쪽.

20 경기도 경찰부장(京畿道 警察部長), 〈서울계 공산당재건 건설계획 검거의 건(ソウル系共産黨再建建設計劃檢擧ノ件)〉, 1931년 9월 7일.

21 〈임택재 증인신문조서(1937년 3월 4일 작성)〉, 이상경, 《임순득, 대안적 여성 주체를 향하여》, 소명출판, 2009, 514쪽 참조.

22 김문집, 〈성생리의 예술론-무명 여류 작가 Y양에게〉, 《문장》 1939년 10월호.

23 김문집의 언급대로라면 임순득이 다녔던 여자고등사범학교는 '도쿄여자고등사범' 혹은 '나라여자고등사범'이었을 것이다. 당시 일본에서 여자고등사범학교는 도쿄와 나라 두 곳뿐이었기 때문이다. 하지만 아직까지 임순득이 두 학교에 재적했던 학적부가 확인되지는 않았다.

24 1939년에서 1941년 사이 조선공산당 재건과 대중조직 건설을 목적으로 김단야, 박헌영, 김상룡, 이관술, 이현상 등이 중심이 되어 경성 및 함경도·경상도에서 활동한 조직으로, 식민지 조선의 국내 사회주의 운동가들의 최후의 결집체로 평가받는다. 이 조직은 1945년 9월 11일 재건된 조선공산당의 모태가 되었다.

25 임순득, 〈일요일〉, 《조선문학》 1937년 2월호, 319쪽.

26 임순득, 〈일요일〉, 《조선문학》 1937년 2월호, 317쪽.

27 임순득, 〈일요일〉, 《조선문학》 1937년 2월호, 321쪽.

28 임순득, 〈일요일〉, 《조선문학》 1937년 2월호, 318쪽.

29 김정일의 아들 김정남의 생모로 알려진 성혜림의 언니로 북한에서 미국으로 망명한 성혜랑과 이른바 '남파 간첩' 출신의 장기수 이구영은 각각 북한

에서의 임순득의 삶에 대한 증언을 남기고 있어 참조가 된다. 성혜랑, 〈사회주의 리얼리즘을 거부한 남편 때문에 말년에 권양기 운전공이 된 북한 최고의 여류작가 임순득〉, 《소식을 전합니다》, 지식나라, 1999, 156~157쪽; 심지연, 〈살림하는 남편〉, 《역사는 남북을 묻지 않는다: 격랑의 현대사를 온몸으로 살아온 노촌 이구영 선생의 팔십 년 이야기》, 소나무, 2009, 266~271쪽.

12. 디아스포라 청년 시인의 죽음과 부활
: 심연수와 심호수

1 심연수 죽음의 진상은 명확하지 않다. 소련군이 참전하고 일본 제국이 붕괴하면서 만주 일대는 혼란에 빠졌다. 역 근처에서 시비 끝에 죽은 그였지만 그를 죽인 자가 관동군인지, 만주국 군경인지, 아니면 혼란기의 또 다른 어떤 무장 세력인지는 확실치 않다.

2 심연수의 시 〈빨래〉(1940년 7월 24일 창작) 전문은 다음과 같다. "빨래를 생명으로 아는/조선의 엄마 누나야/아들 오빠 땀 젖은 옷/깨끗하게 빨아주소//그들의 마음 가운데/불의의 때가 묻거든/사정없는 빨래방망이로/두드려 씻어주소서//"

3 스크랩북에 보관된 기사들이 1938년과 1939년 《조선일보》 학예면에 실린 문예 관련 기사들인 것으로 보아 윤동주는 《조선일보》를 구독했던 것 같다. 기사 하나하나를 오려 모은 것이기에 그 자체가 당시 윤동주의 관심사를 보여주는 자료라 할 수 있다. 대부분은 월평과 비평 기사로 이원조, 백철, 안회남, 윤규섭, 서인식, 김남천, 최재서, 김오성 등의 비평이었으며, 양주동의 〈향가와 국풍·고시〉, 김태준의 〈지나문학과 조선문학의 교류〉, 홍명희의 〈언문소설과 명청소설의 관계〉 등도 있다. 특히 1939년 《조선일보》 신춘문예 1등 당선작인 김영수의 〈소복〉이 포함되어 있는 데에서 신

춘문예에 대한 윤동주의 관심을 엿볼 수 있다.

4 박미현, 〈[항일 현장을 가다] 옹기 속 56년… 시집 형태 창작집 최초 확인〉, 《강원도민일보》, 2001년 7월 12일자. 박미현 기자는 심연수 시인을 발굴하고 보도해 그의 문학사적 위상을 정립하는 데 기여한 공로로 2002년 제19회 '최은희 여기자상'을 수상했다.

5 심호수의 증언, 박미현, 〈[항일 현장을 가다] 옹기 속 56년…시집 형태 창작집 최초 확인〉, 《강원도민일보》, 2001년 7월 12일자.

6 이 책은 총 6부로 구성되어 있는데, 1부는 시편 174편, 2부는 기행시초 64편, 3부는 단편소설 4편과 수필 6편, 평론 1편, 4부는 기행문 1편, 5부는 편지 26편, 6부는 1940년 1월 1일부터 1940년 12월 31일까지의 일기가 실려 있으며, 부록에는 심연수가 필사한 극작가 강영희(姜瑛熙)의 희곡 〈희생〉이 실려 있다.

7 오오무라 마스오(大村益夫), 〈심연수의 일본관〉, 제7차 심연수 국제학술세미나(2007년 12월 4일. 프레스센터 세미나실).

8 〈눈보라〉는 육필 원고와 강릉 시비에 새겨진 구절 사이에 차이가 있다. 그의 시를 현대어 맞춤법에 맞추고 의미를 선명하게 하기 위한 개정의 결과이다. 이를테면 육필 원고에서는 "눈 덮인 땅바닥을 갈거간다"라고 되어 있지만, 시비에서는 '갈거간다'를 '물어뜯는다'로 수정했다. 여기서는 시비의 전문을 제시했음을 밝혀둔다.

9 〈기묵집〉은 ①본명(童名) 및 본관, ②현명(지금 부르는 이름), ③별명, ④생년월일, ⑤출생지, ⑥현주소, ⑦탐봉소(探逢所, 현주소가 변하여서 거주지를 모를 때 찾을 곳), ⑧가업, ⑨목적, ⑩간단한 경력, ⑪숭배하는 명인, ⑫자기의 표어 및 신음(信吟, 신봉하여 읊는)하는 금언, ⑬취미·오락, ⑭혐기물(嫌嗜物, 좋아하고 싫어하는 것) 등, 총 14개 항목을 제시하고 이에 대한 동창생들의 답변을 묶었다.

13. 혈연을 넘어선 이상의 형제들 : 모스크바 8진 형제

1 林隱,《北朝鮮王朝成立秘史-金日成正傳》, 自由社, 1982, 11쪽.

2 林隱,《北朝鮮王朝成立秘史-金日成正傳》, 自由社, 1982, 10쪽.

3 林隱,《北朝鮮王朝成立秘史-金日成正傳》, 自由社, 1982의 서문 참조.

4 임은,《북한 김일성왕조 비사-김일성정전》, 한국양서, 1982.

5 임은,《북조선 창설 주역이 쓴 김일성정전》, 옥촌문화사, 1989.

6 이 책의 저자에 대한 정상진(정률)의 다른 증언도 있음을 밝혀둔다. 정상진은 재소 한인 출신으로 1945년 8월 9일부터 15일까지 웅기·나진·청진·어대진에서 벌어진 소련 해군과 조선 주둔 일본군 사이의 '해방전투'에 소련군으로 참전했다. 이후 북한에서 문학예술총동맹 부위원장, 김일성종합대학 노문학부 교수, 문화선전성 제1부상 등을 지냈으나 숙청을 피해 소련으로 돌아갔다. 정상진의 일대기에 해제를 쓴 반병률에 따르면《북한 김일성왕조 비사》는 소련에 망명한 주소련대사 이상조가 주요 자료를 제공했고, "허진(허웅배), 이진(이경진), 한진(한대용), 정상진 등 4인이 함께 쓴 작품"이었다(반병률, 〈역사의 산 증인이 남긴 값진 선물〉, 정상진,《아무르만에서 부르는 백조의 노래-북한과 소련의 문학 예술인들 회상기》, 지식산업사, 2005, 285쪽).

7 이지수, 〈1950년대 재소 유학생의 소련 망명 사건과 북한의 폐쇄체제 강화-허웅배의 미출간 회고록과 러시아 문서보관소의 서한을 중심으로〉, 《세계지역연구논총》38집 2호, 2020, 55쪽.

8 허웅배와 소련 북한 유학생의 집단 망명 사건에 대해서는 이지수, 〈1950년대 재소 유학생의 소련 망명 사건과 북한의 폐쇄체제 강화-허웅배의 미출간 회고록과 러시아 문서보관소의 서한을 중심으로〉,《세계지역연구논총》38집 2호, 2020; 조규익·김병학,《카자흐스탄 고려인 극작가 한진의 삶과 문학》, 글누림, 2013; 박유리, 〈1958년 북한 모스크바 유학생 '집단 망명' 사건, 그 후〉,《한겨레》2015년 9월 4일자를 참조하여 서술했다.

9 '제8차 재소 조선유학생 동향회'의 개최 시기와 장소, 400여 명의 청중

수 등에 대한 정보는 허웅배와 함께 망명한 김종훈의 미공개(미완성) 수기 (2008)에 기록된 것을 참고했다(조규익·김병학, 《카자흐스탄 고려인 극작가 한 진의 삶과 문학》, 글누림, 2013, 159·160쪽).

10 허웅배 회고록(〈오로라의 고려인〉, 미출간물). 여기서는 이지수, 〈1950년대 재소 유학생의 소련 망명 사건과 북한의 폐쇄체제 강화-허웅배의 미출간 회고록 과 러시아 문서보관소의 서한을 중심으로〉, 《세계지역연구논총》 38집 2호, 2020, 60쪽 재인용.

11 조규익·김병학, 《카자흐스탄 고려인 극작가 한진의 삶과 문학》, 글누림, 2013, 163쪽.

12 김태우, 《냉전의 마녀들》, 창비, 2021, 100~102쪽.

13 조규익·김병학, 《카자흐스탄 고려인 극작가 한진의 삶과 문학》, 글누림, 2013, 171쪽.

14 국립 차이코프스키음악원에 유학하던 정추는 모스크바광산대학에서 열 린 재소 조선 유학생 동향회 때 허웅배에 동조하는 발언을 했으며, 존경하 는 음악가 선배 김순남 등이 숙청당하는 북한의 현실에 분개하여 망명 대 열에 동참했다. 이에 대해서는 주성혜, 〈[대담] 카자흐 공화국의 한인 작 곡가 정추〉, 《낭만음악》 제5권 제3호(통권 19호) 1993, 6쪽을 참조할 것.

15 소련 당국이 망명한 북한 유학생들을 배치한 곳은 다음과 같다. 허웅배: 타슈켄트대학, 한대용: 러시아 알타이주 바르나울 텔레비전 방송국, 최국 인: 알마아타(지금의 카자흐스탄 알마티) 영화촬영소, 김종훈: 무르만스크 영 화촬영소, 양원식: 스탈린그라드, 정린구: 중부 시베리아 이르쿠츠크, 리진 황: 우크라이나 도네츠크 영화촬영소, 리경진: 모스크바 근교촌, 정추: 알 마아타 음악원, 맹동욱: 알마아타 소년극장.

16 이지수, 〈1950년대 재소 유학생의 소련 망명 사건과 북한의 폐쇄체제 강 화-허웅배의 미출간 회고록과 러시아 문서보관소의 서한을 중심으로〉, 《세계지역연구논총》 38집 2호, 2020, 63쪽.

17 김철수, 《지운 김철수》, 한국정신문화연구원 현대사연구소 엮음, 한국정신 문화연구원, 1999, 8쪽.

18 임은,《북조선 창설 주역이 쓴 김일성정전》, 옥촌문화사, 1989, 44쪽.

19 헤어진 뒤의 생활에 대한 결의는 리경진이 제기한 것으로 알려져 있다. 하지만 그 내용이 글로 남을 수 있었던 것은 그들이 뿔뿔이 헤어진 뒤, 1958년 12월 21일 정린구가 결의 내용을 정리해 동료들에게 편지로 전달했기 때문이다(조규익·김병학,《카자흐스탄 고려인 극작가 한진의 삶과 문학》, 글누림, 2013, 174·175쪽).

20 '지나이다 이바노브나의 인터뷰', 김소영(감독), 〈굿바이 마이 러브 NK: 붉은 청춘〉, 2017, 다큐멘터리 영화.

특별한 형제들

친일과 항일, 좌익과 우익을 넘나드는 근현대 형제 열전

1판 1쇄 발행일 2021년 12월 6일

지은이 정종현

발행인 김학원
발행처 (주)휴머니스트출판그룹
출판등록 제313-2007-000007호(2007년 1월 5일)
주소 (03991) 서울시 마포구 동교로23길 76(연남동)
전화 02-335-4422 **팩스** 02-334-3427
저자·독자 서비스 humanist@humanistbooks.com
홈페이지 www.humanistbooks.com
유튜브 youtube.com/user/humanistma **포스트** post.naver.com/hmcv
페이스북 facebook.com/hmcv2001 **인스타그램** @humanist_insta

편집주간 황서현 **편집** 최인영 이영란 **디자인** 박진영
조판 이희수 com. **용지** 화인페이퍼 **인쇄** 청아디앤피 **제본** 민성사

ⓒ 정종현, 2021

ISBN 979-11-6080-769-1 03910

이 책은 한국출판문화산업진흥원의 '2021년 인문 교육 콘텐츠 개발 지원 사업'을 통해 발간된 도서입니다.